# passionsspiele <sup>2010</sup>
oberammergau

Translated by: Prof. Ingrid Shafer

Graphic design: Otto Dzemla, Munich

Graphic design of the advertising insert:

Siegfried Karpf, Oberammergau

Type setting:

Hans Reicherl | Marc Schauberger, Oberammergau

Printed by: Druckerei Fritz Kriechbaumer, Taufkirchen

Published by: Gemeinde Oberammergau

Copyright: Gemeinde Oberammergau.

ISBN 978-3-93 0000-11-1

# oberammergau passion play 2010

Using the Oberammergau Play texts
by Othmar Weis, O.S.B. (1769-1843) and
the Reverend Joseph Alois Daisenberger (1799-1883).
For the 2010 Play extensively edited and expanded
by Christian Stückl and Otto Huber.

The Oberammergau Passion music,
1811-20 composed by Rochus Dedler (1779-1822),
1950 edited by Prof. Eugen Papst (1886-1956),
was newly revised and expanded for 2010 Play
by Markus Zwink.

# preface

## A special kind of play

The Oberammergau Passion Play dates back to a vow made in the year 1633. At that time the plague raged in the entire region, including Oberammergau. Many people died. It was then that the people of Oberammergau vowed to portray the "Passion, Death, and Resurrection of our Lord Jesus Christ" every ten years. From that moment on not one person succumbed to the Black Death.

Since then, once a decade, the people of Oberammergau have been performing a play commemorating the Passion of Jesus. Initially, for over two hundred years, the performance took place in the cemetery next to the village church. However, during the 19th Century ever larger crowds came from all over the world, and the village community was compelled move the performance to the site of today's spacious Passion Play Theater. There are many diverse reasons for the huge influx of viewers, but one is probably the unique nature of this play. It is a mystery play that illuminates the Passion of Jesus both as a drama and as an opportunity for meditation.

Between some of the scenes of the play are inserted "Tableaux Vivants" or "Living Images", consisting of actors in motionless scenes, pointing to Old Testament events that that are intended to aid theological analysis and serve as foci for meditation. At the same time, emotionally stirring music moves the performance into the realm of an oratorio that immerses the audience into events through the combined power of choir, orchestra, and soloists. The music is originally derived from Rochus Dedler (1779-1822) and has been supplemented for newly staged parts with new compositions of Markus Zwink, who is also musical director of the entire performance.

The text of the play is based on the work of Father Joseph Daisenberger (1799-1883). For the last two seasons passages had already been revised, and the current staging includes entirely new parts of the text, which essentially were written by Christian Stückl (director) and Otto Huber (playwright).

They were advised by members of the Oberammergau community and by representatives of Jewish organizations. It is important for the people of Oberammergau that the play accurately portray Jewish religious and cultural elements in order to avoid even the possibility of linking the play with anti-Semitic tendencies, as has so tragically occurred in the past.

# The play in 2010

The new production attempts to portray the dramatic events in contemporary dress for a variety of reasons. Today's audience differs from that of twenty and even ten years ago. Many visitors are no longer familiar with the theological details once taken for granted. The questions and issues have shifted. Since the Passion Play seeks to communicate the message of the suffering, death, and resurrection of Jesus Christ as faith-strengthening and empowering event it must build on the joys and hopes of today's people as well as their sadness and fears. Thus, in the representation of the suffering and death of Christ the questions of the meaning and future of human existence are illuminated in a dramatic way.

The new production seeks to clarify important elements of Jesus' message for today's audience. Thus, for example, after his entry into the city and the temple Jesus does not immediately chase the merchants and money changers from the premises. Rather, using passages from the words of Jesus, especially the Sermon on the Mount, the central features and unique elements of his religious message are outlined. Only then he cleans the sanctuary from commercialism and worldly affairs. Special attention is given to the historical context.

At the time, the Jewish people were politically and to some extent socially oppressed by the Roman occupation. From the beginning, therefore, Roman Soldiers are visible on stage, and a simmering tension can be felt. Pilate, the Roman governor, also shows already up before the trial and pressures the High Priest, Caiaphas, to maintain order in the area of religious activities. During the trial, he cynically mocks both Jesus' powerlessness and the Jewish religion as a whole. Within the High Council, the supreme religious authority, the arguments for Jesus'

conviction are much more contentious than in previous performances. The role of the followers of Jesus is strengthened. Judas is shown as a tragic figure. Caiaphas deceives him concerning the consequences of his action. Judas intends only to compel a meeting of Jesus with the High Council. He does not want the death of Jesus. He repents of his action and throws the money that he had received, into the temple. The betrayal of Judas is paralleled to the betrayal of Peter who denies knowing Jesus to keep from getting into trouble himself. When he becomes aware of his weakness he regrets his action. The two traitors draw different conclusions. Peter goes out and weeps bitterly, for he continues to have faith in Jesus and hopes for forgiveness. Judas, who regrets his action as deeply, does not trust and does not believe he deserves forgiveness. He walks away and hangs himself.

The final scene is also staged in a new way. Jesus is laid to rest, but the tomb is not visible. This eliminates having to show the guards at the tomb. The Risen Lord appears only briefly. This suggests the uniqueness of his appearances. The character of the numinous is conveyed through the glowing light, the music, and the restrained visual presentation. It is, as theology teaches, a mystery of faith.

## Acknowledgment

The staging of 2010 has newly revised  Joseph Daisenberger's Passion text in order to show more clearly: Jesus, the Jew, sought to renew the religion of the fathers, a religion built on the foundation of  the law and the prophets, by showing that the personal relationship to the Eternal Father-God represents the core of all religious activity. Religion is meant not only to give order to human life but a lasting inner connection with the realm of the divine.

With great commitment the people of Oberammergau – as in previous decades – have tackled the Passion Play of 2010. They are aware of their obligation. Once again they keep the vow of their ancestors in a way that remains true to the original pro-mise. The play of redemption

seeks to capture the fears and longings of the people of our times and give them the kind of hope offered by faith. Consequently, the play is not museum-like folk theater, it is a theater of the people for the people that reaches deep into life and seeks to convey hope.

*Ludwig Mödl*

(Prof. Dr. Ludwig Mödl, Spiritual at the Herzoglichen Georgianum Munich and Universitätsprediger at St. Ludwig, is theological advisor of the Oberammergau Passion Plays  2010 – by order of Archbishop Dr. Reinhard Marx and in consultation with the Lutheran Bishop Dr. Johannes Friedrich)

# the oberammergau play of the passion of jesus from nazareth

## Prelude

*PROLOGUE*

Welcome to all,
who with us follow the Savior,
who came to heal what was wounded
to save what was lost!

The Holy One animates us
with the Spirit of Heaven,
he brings his peace to us,
teaches us to believe, love, hope.

Those who trust him find life.
So take this play as testimony
from us as grandchildren of those
who through him found help in need!

See how he takes all the burdens of Eve's children
upon his shoulders, how – struggling, suffering,
dying – he opens wide the doors
for us to our Father.

LIVING IMAGE
## The Loss of Paradise

*ADAM/EVE*

*Lord, you are distant! We are lost,*
*homeless, born to die,*
*strangers each to the other, separated by walls,*
*orphaned, in tears and in mourning!*

*Lord, let the stooped walk erect!*
*Be a font for the thirsty*
*and let us see in the night of death*
*above us your luminous face!*

ANGEL
*Thus says the Lord:*
*"From the dark night*
*I now wish to liberate mankind,*
*humanity must be set free: humanity must live!*
*My son I will give you,*
*my very own son I will sacrifice for you."*

CHORUS
*See! From afar, from Calvary's height,*
*there glows through the night a dawning light,*
*and from the branches of the cross*
*peaceful breezes are wafting through the worlds.*

*Follow the savior now by his side,*
*until he has fought his way through*
*his rugged path of thorns, and in heated battle,*
*bleeding, has emptied himself out for us in suffering.*

# Jesus Enters Jerusalem

NATHANIEL

What a swarming mass of people! The entire city is
flowing towards him.

CROWD

*Hail to you, hail to you, oh David's Son!*
*The throne of the fathers is due to you!*
*Who comes in the name of the Most High,*
*towards whom Israel is streaming –*
*you we praise, you we praise!*

*Hosanna! May he who dwells in heaven,*
*send all grace to you!*
*Hosanna! May he who reigns above*
*keep you safe for us eternally!*

*Hail to you, hail to you, oh David's Son!*
*The throne of the fathers is due to you.*
*Who comes in the name of the Most High,*
*towards whom Israel is streaming –*
*you we praise, you we praise!*

*Hosanna to our son of the king!*
*May the sound be carried far and wide!*
*Hosanna! Upon David's throne*
*may he reign in all glory!*

*Hail to you, hail to you, oh David's Son!*
*The throne of the fathers is due to you.*
*Who comes in the name of the Most High,*
*towards whom Israel is streaming –*
*you we praise, you we praise!*

JUDAS

Hosanna!

SEVERAL

Hosanna!

OTHERS

Praised be the anointed one!

BRUTUS

Out of the way!

LONGINUS

What the devil is going on here?

SEVERAL

Praised be David's kingdom!

*PEOPLE AND CHILDREN*
Hosanna to David's son!

*LONGINUS*
What is this for a riot?

*NATHANIEL*
He has come.

*LONGINUS*
Who has come?

*ARCHELAUS*
We don't know him. He doesn't come from Jerusalem,
he is a Galilean.

*EZECHIEL*
We only heard that he would come.

*LONGINUS*
Who?

*NATHANIEL*
He is Jesus, the son of a carpenter from Nazareth ...

*LONGINUS*
Whose son? What do you know of him? Who is he?

*PETER*
He is the great prophet from Nazareth.

*JUDAS*
Highly praised be he who comes in the name of the Lord!

*CHILDREN*
Hosanna!

*PEOPLE AND CHILDREN*
Hosanna to him!

*LONGINUS*
Never mind who he is. Get lost! I don't want trouble!

*NATHANIEL*
Leave him be. He won't cause any trouble. Galilean,
what do you want? Why did you come?

*BRUTUS*
Get out of the way, hurry ... clear out!

*NATHANIEL*
Galilean, what do you want? Why did you come?

*JESUS*
I have come to comfort the sorrowful.

*EZECHIEL*
You have been told, it is better you leave.

*PETER*
The people thirst for his words!

*SEVERAL*
He shall speak.

*OTHERS*
We want to hear him ...

SEVERAL

We want to hear him!

ARCHELAUS

Silence! Who anointed him that he may speak in front of the temple?

CAIAPHAS

Let him speak!

NATHANIEL

Speak, Galilean. But your words will be weighed.

JESUS

Come, all of you who are weary and burdened! Come all of you who are staggering under the weight of misfortune and grief. It is a fearful time for Israel; but help for you is about to come. Don't worry about what you will eat and drink; don't be concerned with your body, or what you will wear! God knows that you need all of this. But life is more than food and the body is more than clothing. Direct all your concerns, all of you aspirations, toward the realm of God and its justice. You long for earthly treasures, for treasures that will be devoured by moths and rust. I tell you: Gather you treasures in heaven! For where-ever your treasure is, there is also your heart.

BOAZ

Follow your heart's desire! Don't listen to him! He won't liberate us from the Romans!

ALBION

He doesn't believe we can escape the darkness. He is afraid of the sword.

JUDAS

Jesus, arise! Be our king, walk before us and don't permit the execution of the just!

JESUS

Judas, I will not argue or cry out, and no one will hear my voice in the streets.

PETER

Don't close your eyes to their suffering.

PHILIP

Rabbi, is Israel then a slave or born to serfdom that it may be the booty of the Romans?

JESUS

Trust in the Lord!

PETER

Yes, trust in the Lord who led us out of Egypt, who guided us through the desert and brought us into a fertile land!

**JUDAS**

With his strong hand God led us out of Egypt and chased the Pharaoh's soldiers into the depths of the sea.

**SIMON**

God surrendered Pharaoh to the sea. The Egyptians fell into the darkness of death, for their heart had hardened.

**JUDAS**

The wrath of God shall reveal itself against all ungodliness and all injustice among humans.

**JESUS**

Judas, don't judge. Turn your heart toward the Lord and serve him alone!

**EFOD**

I serve God, but I do not serve the servitude.

**JUDAS**

He is right, the Romans devour our land and its harvest!

**PHILIP**

Are we still to hesitate? Shouldn't we resist?

**EREZ**

Is it not written: An eye for an eye and a tooth for a tooth?

**JESUS**

Yes, so it is written, and I say to you: Resist him who does you harm! But do it this way: If he slaps you on the right cheek, then offer him the other one as well!

**EREZ**

Who can listen to that?

**JESUS**

When I am weak, then I am strong.

**ESRON**

And when he tears the skirt off my body, then I should give him my coat as well.

**JESUS**

And if a Roman forces you to go a mile with him, then go with them for two miles! Love your neighbor as you love yourself!

**KOSAM**

I'll love my neighbor. But with the same passionate intensity I will hate the Romans.

**JESUS**

If you love those who love you, what is so special about that? And don't the pagans do the same? Be children of your father in heaven! He lets his sun rise on the good and the evil and lets rain fall on the just and the unjust. Love your enemies, bless those who curse you, be generous to those who hate you, and pray for those who insult and persecute you!

**THOMAS**

The Romans strike us and we are to pray for them and love them?

**ALBION**

Never! I cannot allow my anger to be taken away; my hand remains stretched out.

**JESUS**

Let go of the anger! Don't get all fired up; it leads only to evil. Human anger does not do, what is righteous before God. If God is your king, then the poor will enjoy good fortune in abundance. Blessed are the poor, because they will be free. Blessedly are the innocent who are persecuted, because God will give them the land. Blessed are those who hunger and thirst for justice, for they will be satisfied. Blessed are the pure in heart, for they will see God. Blessed are the peacemakers, because they will be called sons of God.

**PHILIP**

Rabbi, they will throw us into prison and kill us.

**JESUS**

Yes, they will surrender you. You will hear the clamor of war. People will rise against people, and the love between humans will grow cold. Many will betray each other, and they will hate one another. However, I say to you: Those who continue to trust in God will see his kingdom.
You are the light of the world. Let your light shine before humans so they can see your deeds and praise your father in heaven for them! Whatever you want others to do to you, do to them also. For, how would humans benefit, if they were to gain the whole world but do damage to their souls? Love your enemies! And do not fear those who kill the body but cannot kill the soul; rather fear him who has the power to corrupt body and soul!

**CAIAPHAS**

These are grand words you speak, Jesus of Nazareth! You speak as though you were filled with the spirit of the Lord! As though you had been given authority. But I ask you: What kind of dream is it you are dreaming?

**JESUS**

Caiaphas, if you have faith you can call out to the mountains: Arise! And they will rise up, and nothing will be impossible for you.

**EZECHIEL**

See, a dreamer comes your way to rule over you as a king!

**ARCHELAUS**

The mountains see him and they begin to be afraid.

JESUS

You neither know the Scriptures nor do you believe
in the power of God.

CAIAPHAS

We know the Scriptures!

NATHANIEL

Jesus, Rabbi, I know that you only care for the truth.
You don't tell people what they want to hear, no
matter what their social position. You openly say
how we should live according to the will of God.
Counsel us! Is it just to pay taxes to the emperor?

JESUS

*(is silent)*

PETER

Watch out!

JOSAPHAT

Now his wisdom fails him, here his courage leaves
him.

ARCHELAUS

If he replies: "Pay!" he will be in trouble with the
people.

NATHANIEL

Speak! Shall we pay?

JESUS

You hypocrites, why do you tempt me? Show me the
tax coin! Whose image and name do you see?

NATHANIEL

The emperor's.

JESUS

Then give to the emperor what is the emperor's, and
give to God what is God's!

CAIAPHAS

He is clever as a serpent.

NICODEMUS

But without guile, like the doves.

CAIAPHAS

Have you already allowed yourself to be seduced,
Nicodemus?

NICODEMUS

No other human being has ever spoken the way he
does.

CAIAPHAS

Do not believe this dreamer. -Tell me how he can
understand the Scriptures, if he has not learned
them? Our priests alone have been given the task to
proclaim God's will to you!

**DARIABAS**

But he wants to undermine the law that God gave us trough Moses.

**NATHANIEL**

Is it not the case that he and his followers are desecrating the Sabbath? You do what God has forbidden!

**JESUS**

Don't judge according to external appearance but judge justly! Why are you so outraged that I have healed someone on the Sabbath? The Sabbath was created for man, not man for the Sabbath.

**CAIAPHAS**

He is twisting things to his meaning. *(Ezechiel arrives with the adulteress.)* Now we want to see how seriously you are taking the Law of Moses. See: This woman was caught in the act of adultery. In the law, Moses ordered that such as woman be stoned.

**ANNAS**

He said: they shall bring her outside of the door of the house and there the people of the town shall stone her to death, because she committed a crime in Israel and practiced prostitution.

**CAIAPHAS**

What do you think of that?

**JESUS**

*(is silent – kneels down and draws figures in the sand)*

**ANNAS**

She is a disobedient wife, a temptress, and knows nothing of shame.

**EZECHIEL**

Her frivolous promiscuity has made the land unclean.

**CAIAPHAS**

He is silent. So I ask you: Shall I show her mercy?

**PTOLEMEUS**

Stone her!

**SEVERAL**

Stone her!

**MEN**

Stone her!

**OTHERS**

Stone her!

**JESUS**

He who is without sin among you, let him cast the first stone.

**CAIAPHAS**

*(exits)*

NATHANIEL

Caiaphas? – Go! Go!

JUDAS

Hosanna! Praised be the anointed one!

PEOPLE

Hosanna! Praised be David's kingdom!  Hosanna!

JESUS

Where are your accusers now?

ADULTERESS

They have all left – and not one of them has condemned me.

JESUS

Then I will not condemn you either. Go and sin no more.

# Jesus in Bethany

From Galilee to Jerusalem
He liberated people and healed them,
awakened them to life and proclaimed:
Repent! The kingdom of heaven is near!

Enthusiastic devotees follow him,
Others – closed to his word –
are offended by him
and those in power are plotting an act of violence.

But without fear Jesus goes his way.
He puts his trust in the Lord,
as once Moses in most dire danger,
as Israel escaped from Pharaoh's warriors.

LIVING IMAGE
## Moses leads the Israelites through the Red Sea

*ISRAELITES*
*Flee! Flee! In close pursuit Egypt's mighty army!*
*Where-to? Where-to? In front of us, the beach!*
*No way! No bridge! Threatened by the sea!*
*We are lost! All paths blocked!*

*MOSES*
*Do not fear Pharaoh's power!*
*Concealed in cloud and fire*
*the Lord will soon rescue you –*
*He, the liberator of his people!*

*RECITATIVE*
*And Moses stretched out his hand,*
*the east wind drove the waters apart,*
*and Israel marched on dry land*
*between walls of water towards a safe place.*

*ISRAELITES*
*The Lord has done great deeds*
*and leads Israel on the safe path!*

> *When you lead us on uncharted paths,*
> *let us believe in your grace!*
> *When we cannot see your goals,*
> *let us have faith in your guidance!*

# In Bethany

LAZARUS

Mary! Martha! Simon, he is coming!

JUDAS

Lazarus, Simon! Now the day is finally close that he will restore the nation of Israel and liberate it from the Romans.

SIMON

Encouraged by his successful arrival in the holy city, the people will proclaim him the king of Israel and raise him to David's throne!

THADDEUS

His rule will be grand and no end to peace!

JUDAS

You will rule over David's kingdom! You will strengthen and support it by justice and law.

THOMAS

You inspire loud jubilation. You increase happiness. People will rejoice as they rejoice at harvest time.

ANDREW

And every soldier's boot that loudly pounds the ground and every blood-stained coat will be burned and consumed by the flames!

JUDAS

As it happened in the days of the Midians you will break the oppressive yoke of the Romans, the crossbar on our shoulders and the stick they use to drive us on!

JESUS

Judas, Andrew – your thoughts are not my thoughts, and your ways are not my ways.

JUDAS

You will judge the godless.

JESUS

I have not come to judge the world, but that the world be saved.

SIMON OF B.

Rabbi! Let me welcome you! What joy it is that you accepted my invitation and honor my house with your presence!

*MARTHA*

Rabbi, welcome!

*MAGDALENA*

Rabbi!

*JESUS*

Mary! *(Nicodemus arrives, followed by other priests)*

*NICODEMUS*

*(to Simon of Bethany)* Simon, we want to speak to Jesus.

*SIMON OF B.*

Nicodemus, Gamaliel, what do you want of him?

*GAMALIEL*

Rabbi, are you the one for whom we are waiting?

*NICODEMUS*

We know Rabbi, that you are a great teacher. No one performs signs like you do, and I have never heard another man speak as you do.

*JUDAS*

He speaks, but you do not accept his testimony.

*JESUS*

Judas!

*NICODEMUS*

Rabbi, good master ...

*JESUS*

Why do you call me good? No one is good except for God alone.

*GAMALIEL*

Tell us, are you the one who is to come, or must we for wait another?

*PETER*

Go and report, what you hear and see: the blind see, the lame walk, lepers become clean, the deaf hear, and to the poor glad tidings are announced!

*LAZARUS*

I lay in the pit of death, he called me by my name and pulled me out. Many have seen this and believe in him.

*GAMALIEL*

We know how difficult it is to determine death. Many people have been buried alive.

*JESUS*

Gamaliel, who do you think I am?

*GAMALIEL*

Some believe you are John the Baptizer because they do not want to believe that he died.

*JACOB A.*

Or they regard you as Elijah, who is to appear, before the Messiah comes.

JOHN

Still others believe you are Jeremiah or else one of the prophets.

JESUS

But you, who do you think I am?

PETER

You are the Messiah.

MAGDALENA

You are the fairest of all the people. Beauty is poured out over your lips. You love truthfulness and hate sacrilege. Therefore God, your God, has anointed you before your companions. God has blessed you for all eternity.

*(Magdalena anoints him)*

THOMAS

What a delicious scent!

BARTHOLOMEW

It is precious genuine Spikenard oil.

THADDEUS

Such an honor has not ever been given our rabbi!

JOSAPHAT

Nicodemus, if he were a prophet, then it would know what kind of woman this is who touches him. She is a sinner.

JESUS

Look at this woman! She moistened my feet with tears and dried them with her hair. Her sins are forgiven because she showed much love.

JOSAPHAT

Who do you presume you are?

NATHAN

Who are you that you forgive sins?

JESUS

I do you no wrong. Grasp the meaning of this: I favor mercy. I have come to call sinners rather than the righteous ones. You must be reborn from the spirit, then you will recognize the will of God, then you will see his kingdom.

NICODEMUS

Rabbi, you say, humans must be reborn. How can humans be born again when they are old?

SADOK

Can one return into the body of one's mother?

JESUS

Whatever is born of the flesh, that is flesh; but whatever is born of the spirit, that is spirit.

GAMALIEL

How can this happen?

*JESUS*

Are you Israel's teacher and don't know that?

*JOSAPHAT*

Nicodemus, let us go! *(they leave)*

*JESUS*

Peter! Andrew! Jacob! John! Philip! Bartholomew!
Thomas! Matthew! Jacob Alpheus! Thaddeus! Simon!
Judas! Now your time has come: Go to the lost sheep of
the house of Israel. Heal the sick, cleanse the lepers, cast
out evil spirits. Freely you have received, without charge
you give. In bright daylight speak of what I told you in
the dark, and shout from the roof tops what I whispered
into your ear! Nothing is concealed which will not
become obvious, nor hidden which will not be known.

*PETER*

Rabbi, you are sending us away?

*JESUS*

Yes, Peter! I am sending you out like sheep into the
middle of a pack of wolves. Beware, they will surrender
you to the courts and flog you. You will be led before
governors and kings for my sake. You will be hated by
everyone for my name's sake. But those who persist to
the end will be blessed. Therefore be not afraid of them.

*JOHN*

What are your plans?

*JESUS*

In these days in Jerusalem everything will be fulfilled,
which is written by the prophets.

*JUDAS*

Rabbi!

*JESUS*

I am a worm and not a man, mocked by people and
despised by everyone. All who see me mock me, open
their mouths, and shake their heads.

*JUDAS*

How are you so peculiar!

*SIMON*

What has happened to you, what torments you?

*MAGDALENA*

Rabbi, do you believe we don't sense it. A shadow has
fallen on your face and your soul is troubled.

*JESUS*

Mary! The heart of those who seek the Lord will live
forever.

*JOHN*

Tell us what is going to happen!

*JESUS*

Now we will go up to Jerusalem. There I will be surrendered to the priests. They will hand me over to the
Romans who will mock, flog, and kill me.

*PETER*

Kill?

*JOHN*

Rabbi, what dark words are you speaking to us?

*PETER*

May God prevent that! That must not happen to you!
Remain in the safe shelter of this house, until the storm
passes that threatens to rise up against you!

*JESUS*

Away with you, Satan! Get out of my sight! You want to
trip me and make me fall. You do not have the will of
God in mind, but human desires.

*PETER*

Rabbi? Where am I to go? What is going on with you?

*JOHN*

Rabbi, I beg you: Don't go there, so your enemies won't
have the chance to do this terrible thing!

*JUDAS*

Or go there and reveal yourself in your power!

*JACOB*

Establish peace among humans!

*JUDAS*

We had hoped that you were to be the one who would
save Israel.

*ANDREW*

We have left everything, houses, fields, brothers, sisters,
father, mother, and our children, and followed you. What
will be our reward?

*THOMAS*

What will we eat? What will we drink? How will we clothe ourselves?

*JESUS*

These concerns trouble the godless! Seek first the kingdom of God and its justice, and then everything else will
be given to you.

*JUDAS*

Rabbi, if you are no longer with us, will our friends soon
withdraw and then –

*JESUS*

Judas, watch out that the seducer does not attack you!

*JUDAS*

Who will worry if I don't worry? Am I not responsible for
managing the money?

**JESUS**

That you are, but I fear –

**JUDAS**

I am also afraid that it [our cash box] will soon be empty and remain empty. Rabbi, permit me, if you really want to leave us, first make provisions to cover our future expenses!

**JESUS**

Judas –

**JUDAS**

How good would it be now if the value of that wasted oil were deposited inside - how long could we survive without concern on three hundred Dinars!

**THOMAS**

The money could have been spent for a better purpose.

**JESUS**

What are you talking about?

**JUDAS**

To pour out such expensive oil! What a waste!

**JESUS**

Why do you criticize something done for love? Judas, look at me!

**JUDAS**

Rabbi, I know that you don't approve of useless waste of money. We could have sold the oil to support the poor. We could have sold it for at least three hundred Dinars.

**JESUS**

The poor you have always with you, but me you will not always have. She has done a good work for me. When she poured this oil over me she prepared my body for burial.

**MAGDALENA**

Rabbi, let me go with you!

**JESUS**

Where I am going you cannot follow.

**MAGDALENA**

You are my life, Rabbi. When you go you will take my life with you.

**JESUS**

Mary, when the wheat corn does not fall into the earth and dies it remains alone. But if it dies it bears rich fruit.

**MAGDALENA**

Rabbi, I know. You see: I am not weeping. Strong as death is love.

**JESUS**

Love must be strong, to keep from growing weak with that which will come. You will look for me and wander

through the city, and when you find me, only your heart
will know me, your eyes will not recognize me. For I will
have been thrown into the wine press, and the wine that
pours out is my blood.

Whatever you see, do not doubt! I am the one I have
always been and shall always be. You have given me
your love. Also give me your strength tonight and tomor-
row.

*(Mary, the mother of Jesus, his brothers Joses, Jacob,
Mary Salome and Mary Kleopha come on stage.)*

MARY

Jesus!

LAZARUS

Rabbi – your mother and your brothers!

MARTHA

We consider ourselves fortunate to welcome the mother
of our rabbi to our home.

SIMON OF B.

Blessed the woman whose body has born you and whose
breasts have nursed you!

JESUS

Blessed are those who hear the world of God and obey it.
Who is my mother, and who are my brothers? Whoever
fulfills my Father's will is brother, sister, and mother for
me!

MARY

We have been anxiously searching for you.

JESUS

Why did you look for me?

MARY

You are being consumed by your zeal. Come back to
Nazareth!

*(Jesus is silent)*

JACOB

When are you going to stop all this running around?
You itinerant preacher – just exactly, how do you support
yourselves?

SIMON BR.

On handouts and the money of these women!? Shame on
you!

JOSES

To others you preach the commandments, but you don't
even know the fourth: You shall honor father and
mother. Do you care about your mother?

SIMON BR.

And not only that. You take away the sons from other

families and turn honest fishermen and craftsmen into vagabonds. You keep them from starting families and becoming respectable citizens. Where shall all of this lead?

JACOB

I have heard that you speak out in public against the powerful. This will cause trouble for you. Come with us now and come to your senses!

MARY

Let him be. He must go his path.

LAZARUS

Mary, he is going to Jerusalem! His enemies are plotting his destruction.

MARY

To Jerusalem! There, to the temple, I once carried you in my arms to dedicate you to the Lord. The Lord was the one who gave you to me, and now he demands your return. Whatever he places on my shoulders, I will bear.

JESUS

Mother, you will weep and lament. You will be sad, but your sadness will be transformed into joy, and no one will be able to take away your joy.

MARY

Where will I see you again?

JESUS

There, where the word of scripture will be fulfilled: "Like a lamb led to the slaughter he was silent and did not open his mouth."

MARY

God, give me strength, so my heart won't break!

JESUS

Let us go.

JUDAS

Why should I still follow you? I don't much feel like it. Your great deeds offered hope that you would restore the realm of Israel. But it has turned to nothing. You are not grasping the opportunities that offer themselves to you. Now you talk of leaving and dying and give us empty promises in mysterious words of a future that for me is too far off in a dark distance.

PETER

Judas!

JUDAS

I am tired of believing and hoping. There is no expectation for anything except more poverty and degradation, and instead of taking part in you kingdom, there is persecution and imprisonment. I want to share your reign. But it fails to materialize. And what is forthcoming – dread and suffering – who feels like bearing those? I don't. I don't!

# Expulsion of the Temple Merchants
# Pilate and Caiaphas
# Judas and the High Council

*PROLOGUE*

> See how – aflame with the spirit of God – Jesus struggles
> for humankind! He proclaims the compassion
> of the All High and teaches the law of reconciliation
> with Heaven as with the earthly brother.
>
> When Moses carried God's Law down the mountain,
> and saw the fickle folk adore and celebrate
> an idol made of gold, he commanded:
> "Whoever belongs to the Lord,
> come over and stand with me!"
>
> Thus Jesus gathers round himself
> people who love the Father with their whole soul
> and calls them to decide to serve either God
> or the idol of their own might.

LIVING IMAGE
## The Ten Commandments and
## the dance around the golden calf

*CHORUS*

> *"Oh, golden image! We prostrate ourselves before you!*
> *You mighty ruler! You, our guardian!*
> *We thank you, who led us out of Egypt!*
> *Oh, strong helper, assist us always!*
> *You God of gold!*
> *Who sets us free!*
> *Who helped in need!*
> *Help us today!*
> *Draw us on!*
> *You we adore!*
> *You are always our faithful companion!*
> *Glory you will grant us! And majesty!*
> *Come on, as we dance around him!*
> *Come on, we want to delight him with our dance!*
> *Since Moses and his God have abandoned us,*
> *you now be our refuge and shield in all our need!*
> *Who, apart from you, from you,*
> *will help us in life and death?!*

> You golden image! You God of strength!
> Filled with great reverence we stand before you!
> Oh, God of gold! Your people, see
> them beseech you!"

MOSES (BASS SOLO)

> How I shudder at the people's transgression!
> Whom? Whom are you asking for advice, you traitors?!
> Was it not Yahweh who has always been
> your guide? Do you not remember the abyss?
> Satan's power will rise anew!
> The idol shows its night face!

NARRATOR

> "Let me lead you to the father!"
> Jesus lovingly invites everyone,
> The good shepherd does not want to lose a sheep!
> Even a Judas should be with him!
>
> Alas, Judas wants to abandon Jesus,
> he cannot grasp the heavenly realm,
> he trusts himself to the enemies,
> and they demand, holy God,
> to punish Jesus with death!

CHORUS

> All of you, turn from the path of sin!
> Trust yourselves to the Father!
> For you see, made deaf and blind by idols,
> people travel the path of death.
> The heart grows cold and freezes,
> when it loses the connection with God.

SCENE 1
# Expulsion of the temple merchants

JESUS

Is this God's house – or is it a market place?

JOSUE

Why do you bother these people?

JESUS

Do you expect the children of Israel who come for the festival to Jerusalem to worship God, to say their prayers in this mob?

EZECHIEL

All of this is intended for sacrifice to the Lord.

**JESUS**

If only you knew what this means: I delight in loving-kindness, and not sacrifice. Hear, Israel! The Lord our God is the Lord alone! You shall love him with all your heart, and with all your soul, and with all your might! No other commandment is greater than this.

**NICODEMUS**

His words are true and just. There is but One and no other outside of him; and loving him with all one's heart, with all one's soul, and with all one's might, and to love one's neighbor as one loves oneself, that is more than any burnt offering or animal sacrifice.

**JESUS**

Nicodemus, you are not far from the Kingdom of God. – Go! There is enough room for your business outside the temple.

**BOAZ**

So we are no longer allowed to offer sacrifices?

**ALBION**

How can you forbid what the High Council permits us?

**JESUS**

"My house", says the Lord, "shall be called a house of prayer for all peoples!" But you have made it a den of thieves! And you priests, you guardians of the sanctuary, you look on this abomination and tolerate it?

**MERERIE**

You dare admonish us priests?

**NATHANIEL**

And you, deluded people, you want to follow this reformer? He has come to abolish the law.

**JESUS**

Don't think that I have come to abolish the law or the prophets! I have not come to abolish but to fulfill.

**ARCHELAUS**

You want to abandon Moses and the prophets and his priests!

**PETER**

No! That's not what we want! Abandoning Moses and his law is far from us.

**NATHANIEL**

But who is authorized to proclaim God's law to you?

**ANNAS**

Who has been charged with the office of guarding the purity of the doctrine? Is it not the priests and teachers?

**ARCHELAUS**

Whom do you want to hear? Us or this deceiver who has promoted himself to the position of heralding a new doctrine?

PHILIP

He is a great prophet!

SERVERAL

He is the messiah!

CHILDREN

Hosanna!

ARCHELAUS

He is a heretic!

EZECHIEL

An enemy of Moses!

ARCHELAUS

An enemy of the statutes of our fathers!

ANNAS

Only we, your fathers, will protect you from the abyss.

JESUS

The scribes and priests have taken their seat on the chair
of Moses. Do and observe everything they tell you!

NATHANIEL

Oh, hear! Now he is inclined to obey the legal authorities.

JESUS

But do not follow the example of their works!

ISHMAEL

How dare you?

JESUS

For they speak, but they do not practice what they
preach. They tie up heavy and unbearable burdens and
place them on your shoulders, but they themselves will
not lift a finger.

ARCHELAUS

Who do you think you are that you dare malign the
priests with such a speech?

NATHANIEL

Whoever holds fast the faith of our fathers Abraham,
Isaac, and Jacob, let him join us! – Children of Israel, do
you wish to stop being God's chosen people?

DARIABAS

Shake off the yoke of the seducer!

AMIEL

Obey the High Council!

JESUS

Woe to you, hypocrites who lock the kingdom of heaven
to the people. You do not enter yourselves, and you don't
admit those who want to enter. Woe to you who journey
across land and sea in order to make one convert, and
when he believes, you turn him into a child of hell twice
as depraved as you. You blind leaders who strain out
gnats but swallow camels! You resemble whitewashed

tombs, which appear beautiful on the outside, but inside are filled with skeletons and every kind of filth. Your facade appears pious to people, you hypocrites, you pay tithes of mint and dill and cumin, and neglect the most essential provisions of the law, namely justice, mercy, and faith – *(to the merchants)* Away with you – I command you! Take what is yours and leave this sacred place! Clear it all out!

*ALBION*

This can't be. You can't do this!

*KOSAM*

My money!

*ESRON*

My pigeons!

*BOAZ*

My sheep!

*EFOD*

My oil jars overturned! Who will compensate me for the damage?

*JESUS*

Away with you! I want this desecrated place to be restored to the worship of the Father.

*PETER*

*Shma Israel*

*PEOPLE*

*Shma Israel Adonai elohejnu Adonai echad. Baruch schem kavod, malchuto le O lam va Ed! Veahawta et Elohejcha, bechal leva vecha ufchal nafsche cha ufschl Meodecha. Shma Israel.*

*JESUS*

I say to you: From now on you will not see me until you say: Praised be he who comes in the name of the Lord!

*EZECHIEL*

*(to Caiaphas)* Why did you not have him arrested?

*ANNAS*

We, the priests and teachers, are a plaything for a man who grows ever more brazen the longer he defies and mocks us.

*NATHANIEL*

Caiaphas, for long enough has he led the people astray and sought to turn them away from the prescribed fathers.

*ARCHELAUS*

Not enough that he entered our city surrounded by a cheering crowd! He dared use a whip to drive out the merchants who stock the goods necessary for the sacrifice in the temple court yards.

*EFOD*

Money, oil, salt, doves – he must compensate us for everything!

*ARCHELAUS*

The number of his followers keeps growing.

*SARAS*

The malcontents are rising up. They call for a king on David's throne.

*JOSAPHAT*

Us they accuse of playing into the hands of the Romans.

*NATHANIEL*

If you, Caiaphas, don't intervene, the people's anger will be directed at you.

*EZECHIEL*

At you and at us!

*ANNAS*

How much longer will you be reluctant to set limits to this stream of corruption? It has already broken through all the dams and like an all-consuming, wildly foaming flood is pouring across Judea. Our foundation has been undermined – it will only take a few moments and we will be buried under the ruins of the building as it sinks into the ground.

*NATHANIEL*

*(to Caiaphas)* I beseech you, lord!

*CAIAPHAS*

Patience, friends! This man has too many followers.

*ANNAS*

Why do you hesitate?

*CAIAPHAS*

This could lead to a dangerous battle and provide the bloodthirsty Romans with an excuse to put an end to the uprising with their swords. Trust me! Let me take charge! If you do that, the blasphemer will surely receive the punishment he deserves.

SCENE 2
# Pilate und Caiaphas

*PILATE*

Caiaphas!

*NATHANIEL*

Governor of His Majesty, the Emperor!

*ARCHELAUS*

Hail and blessings upon you.

PILATE

I wish to speak to the High Priest alone. *(to his servant)*
Mela – one more thing, the chief of the guard shall report
to me. *(to the priests)* Didn't you hear? Alone! *(to
Caiaphas – smiles)* It is very hot. What an unruly mob in
the city. Caiaphas, has anything unusual taken place?

CAIAPHAS

Many pilgrims are coming to Jerusalem for the Passover
feast ...

PILATE

You know what I mean ...

CAIAPHAS

Yes. He is only an insignificant itinerant preacher ...

PILATE

Insignificant? The entire city flows toward him. He entered Jerusalem like a victor. *(Caiaphas is silent.)* Your
mouth has apparently been sealed by admiration.
Caiaphas, do I need to remind you: it is always such
insignificant itinerant preachers who instigate revolt and
rioting under the guise of divine mission and bring people to religious fanaticism. They lure people into the
desert as if there your God were announcing their deli-
verance with miracles and signs, and then ...

CAIAPHAS

The city is quiet. No one is plotting revolt and rioting.

PILATE

No one? No one? I know you. What was your people
before I took over? An unruly mob – without obedience,
without leadership. And there was no peace in this god-
damned land until I crucified all those rebels and had all
their collaborators executed as well.

CAIAPHAS

Pilate. I beg you.

PILATE

You beg me? I let remain in the position of High Priest;
I put you in charge of watching over peace and order in
this city; I gave you everything you asked for. *(to Mela)*
I gave it to him because the hand of your God was above
him.

CAIAPHAS

You mock.

PILATE

No, I am not mocking. If order is not restored in the city
I will take everything from you I have given to you. You
know the Emperor's message to all the governors of the
realm ...

CAIAPHAS

I know this document.

PILATE

Then you also the outcome: If there is conflict in the land and rebellion against Rome I will come with the army's might and plunge you, your land, and your people into ruin and perdition. Now leave! I don't ever want to hear anything of this Jesus again.

CAIAPHAS

You know his name?

PILATE

I know him!

MELA

The governor is well informed of the doings and activities of the Jews.

PILATE

Now go Caiaphas and whatever happens to you, know that you can count on my soldiers. *(Pilate and entourage leave)*

## SCENE 3
## The High Council

CAIAPHAS

Woe to the children of Israel. Woe to the Holy City! Woe to the temple of the Lord! And woe to me, if I put up with his provocative demeanor and his presumptuous manner of speech! Curses and disgrace on all pagans.

NATHANIEL

Calm down. This scoffer resembles a dog who barks at the moon in his stupidity!

ARCHELAUS

And all of this because of a vagabond Galilean. Most gracious lord? Speak! What shall we do? What are your plans?

CAIAPHAS

I will not deny that I am annoyed by a Galilean mocking the priests.

ANNAS

You are annoyed? And that is all you have to say? To our shame we had to watch how the Galilean with his entourage paraded through the gates and streets of our sacred city. You heard the deluded crowd scream Hosanna. You were eye witness to the brazen way this man arrogantly assumed the dignity of the High Priest and dared act as lord in the temple of God. What is still missing before all secular and divine order is overturned? Only one more step, and the law of God, given to us through Moses, is toppled, our teaching despised, the priests stripped of their dignity!

NATHANIEL

High Priests, High Priests, if is it permissible to express my thoughts, I must explain: We ourselves are the guilty ones responsible for the sad state of affairs, guilty because of our indecisiveness! What good did it do that we tried to embarrass him with our questions, that we sought to expose his deviance from the teaching of the fathers, his transgressions of the law? The people turned away from us, and the whole world is running after him. We are responsible, friends and brothers, we, the guardians of Zion!

JOSEPH OF A.

Then assume the responsibility!

CAIAPHAS

What do you want, Joseph?

JOSEPH OF A.

To speak to your heart and conscience.

CAIAPHAS

To my heart? *(grumpily)* On account of our friendship, be silent!

JOSEPH OF A.

I stand before my High Priest reverently but I may not remain silent. It is far from me to defend what this Jesus has said in his excessive zeal. But he did so in the cause of God. *(unrest)*

ANNAS

Are you out of your mind?

JOSEPH OF A.

The people turn away from us, are you wondering at that, how can they believe our words? Many of our works we only do so they are seen by the people.

NATHANIEL

What are you saying?

JOSEPH OF A.

We prefer seats of honor at banquets and in the synagogues, and love to be greeted in the marketplaces and to be called "Rabbi" by the people. We widen our phylacteries and lengthen the tassels on our garments.

ANNAS

Has he never read: You shall make sacred garments for
Aaron, garments that are magnificent and beautiful.

NICODEMUS

Yes, thus it was passed on to us by Moses. But this, too,
has been written: I have seen everything that goes on
under the sun; and behold, all is vanity and a chasing
after the wind.

EZECHIEL

Nicodemus, you too?

NATHANIEL

He has long been a secret follower of the Galilean! Now
he has given himself away!

JOSEPH OF A.

Brothers, has not the Lord spoken through the prophet
Jeremiah: From the least of them even to the greatest of
them, everyone covets unfair gain; the priests deal in lies
and only heal the surface of my people's illness by saying: Peace! Peace!

NICODEMUS

But there is no peace!

ANNAS

Nicodemus – friend – do you love your life?

NICODEMUS

Look around! The city is full of people who have left
their homes because the drought has burned their seeds
and has laid waste their vineyards and their olive groves.
Here they are lying in heaps - men, women, and children
next to the walls of buildings. Hunger gnaws in their
intestines. What do we have to offer them? Peace!?

JOSEPH OF A.

There are many who apostatize; but in many indifferent
hearts his words ignite the light of the Lord.

NICODEMUS

Lord, can it surprise you when our brothers, struck down
by their troubles, yearn for a chance to get up. They
yearn for light. We cannot tolerate that this Jesus claims
to be king in Israel, we cannot tolerate that he is
responsible for irritating the hated Romans. But don't
damn him on account of his words!

ANNAS

You will be covered with shame because of your words.

NATHANIEL

They know nothing of shame. Look, see, -madness is glowing from his eyes.

CAIAPHAS

It can be called madness. But it is more. It is admiration
for the heretic.

**ANNAS**

As far as here the seducer has cast his nets.

**EZECHIEL**

So we have even in our midst devotees of the Galilean.

**AMIEL**

The activities of the heretic must be stopped.

**JOSAPHAT**

Today we must decide what there is to be done.

**CAIAPHAS**

Believe me, Nicodemus, no one shall be persecuted because of his words. But do I have the right to strike out everything of which he has made himself guilty? Joseph, how can I hope for good fortune for our people when I allow him to continue his works? I command you to remain silent from now on. And never again to utter the name of the Galilean.

**JOSEPH OF A.**

So I have to choose between fearing you and obeying God?

**NICODEMUS**

You command? Now you can sense just how far the arm of the Roman reaches.

**CAIAPHAS**

The arm of the Roman is powerful; but I do not tremble before his might. Listen to me: Emboldened by his success, the Galilean will proclaim himself king of Israel. This frivolous dreamer will cause turmoil in our city. He transformed the law into godless teaching. But wherever there is no law, the people become wild and disobedient. Praise to him who maintains order. If we want to silence the Galilean, we must now act immediately as we should have acted long ago.

**ARCHELAUS**

We must throw him into prison – in one word, neutralize him.

**ANNAS**

Once he is in prison, removed from the eyes of the masses, the gullible people will no longer be snared by the enchantment of his words, and will have no more miracles to gape at. Then he will soon be forgotten.

**EZECHIEL**

In the darkness of prison he may then let his light shine, announce himself as the king of Israel to the empty walls, and indulge in diatribes against the priesthood!

**JOSAPHAT**

This will properly impress his followers and cool off their enthusiasm for him, once he, who has promised liberty, lies in chains himself.

GERSON

Into the deepest dungeon with him. There may he remain as one buried alive!

CAIAPHAS

But who among you will guarantee that the guards won't be bribed to let him escape? Or that he won't use his magic tricks to break his chains and open the prison gate? Or that his friends won't start a riot to set him free? Who among you dares vouch for him? *(all are silent.)* Well, I see: no one. So as the High Priest I say that it is better that one man should die than an entire nation should perish. He must die.

DARIABAS

Die?

SADOK

Die?

JOSEPH OF A.

Die?

NICODEMUS

Die?

CAIAPHAS

Yes, die. And now, go!

JOSEPH OF A.

Don't listen to him!

NICODEMUS

Don't listen to him, don't listen to him, don't listen to ...

CAIAPHAS

I am the High Priest and the only one in Israel. You will listen to me and not to this babbler.

NICODEMUS

Don't listen to him ...

CAIAPHAS

No one listens to him. *(to Nicodemus and Joseph of A.)* What are you still doing here? Go and run after your prophet, so you will see him one more time before his hour has come! *(Nicodemus and Joseph of A. leave)*

ANNAS

A ray of comfort and joy brings light into my heart as I watch your single-minded determination. Unspeakable sorrow has been weighting down my soul as I watched the Galilean's phenomenal progress. Had I reached my advanced age only to see the destruction of our holy heritage? But now I shall not despair. The God of our fathers lives and is with us! When you, fathers of the people, stand together with strength and loyalty, and steadfastly pursue the goal, salvation is near. Have the courage to become the saviors of Israel! Undying glory will be your reward.

NATHANIEL

We will act according to the wishes of our High Priest, in this case as in all others.

## SCENE 4
## Judas before the High Council

CAIAPHAS

As long as he is alive there is no peace in Israel, no quiet hour for us!

EZECHIEL

He comes to the temple every day. There he can be arrested.

CAIAPHAS

To arrest him now, in the days of the festival, is too dangerous. We cannot dare arrest him in public – in the temple or in the open streets – because he is surrounded by a crowd of enthusiastic followers wherever he goes.

EZECHIEL

Are we planning to sit still until the festival is over?

ARCHELAUS

It must happen now.

NATHANIEL

This issue permits no delay.

CAIAPHAS

We can't grab him with open force. We must try to take him prisoner, silently, with cunning.

ARCHELAUS

To track the fox to his den, surely we can find people to do that. *(Judas pushes himself forward, the servants of Caiaphas try to restrain him)*

JUDAS

Let me through.

DATHAN

Why are you forcing yourself into this gathering un-invited? Who are you?

JUDAS

Let me through ... Lord!

CAIAPHAS

Who are you? Don't get too close to me. Who are you?

JUDAS

A brother.

DATHAN

You? A brother?

JUDAS

At least I wish to become one ... You are looking for Jesus of Nazareth ...

*DATHAN*

Do you know the man for whom the High Council is searching?

*JUDAS*

Yes.

*NATHANIEL*

*(to Dathan)* I have seen him often with him.

*CAIAPHAS*

What is your name?

*JUDAS*

My name is Judas Iscariot, and I am one of the Nazarene's disciples.

*DATHAN*

Seize him!

*CAIAPHAS*

Stop it! What do you want?

*NATHANIEL*

Speak!

*JUDAS*

You are looking for Jesus of Nazareth. – What do you want from him?

*CAIAPHAS*

Judas, he speaks harsh words against us and doesn't heed the advice given him by the elders.

*JUDAS*

I heard the priests in the courtyards. They said you want to kill him.

*CAIAPHAS*

Who talks such nonsense? Is it not written: You shall not seek vengeance, nor bear any anger against the children of your people. – What is it about him? Why are you a disciple of the Galilean?

*JUDAS*

I followed him in order to reach a just life.

*CAIAPHAS*

Judas, I see displeasure on your face.

*JUDAS*

Only against myself. Recently I have been tortured by disquieting thoughts ...

*CAIAPHAS*

What kind of thoughts? Speak! How can we trust you?

*JUDAS*

My friendship with him has grown cold.

*CAIAPHAS*

How did this happen? A mere few hours ago, you went with him through the streets of Jerusalem, and were among those who proclaimed him as the king. Who is this Jesus?

*JUDAS*

He – no. Let it be!

*CAIAPHAS*

Tell me what it is you want to confide in me.

*JUDAS*

I – I worshiped him. In his eyes shines a great light.
All of our hopes were centered on him. Every day, every
night I told myself: He will be great and the Lord will
give him the throne of his father David, and he will be
king over the house of Jacob for all eternity and his rule
will have no end. But now …

*CAIAPHAS*

You have doubts?

*JUDAS*

I don't want to speak of it.

*CAIAPHAS*

Your thoughts frighten me, they are dangerous. Take care
that no Roman ever finds out about them. The city is filled with their ears. You cannot know what is going on
with me. Don't be afraid. Like you, I think highly of your
rabbi. I yearn to speak to him for that reason, and it is
only for that purpose that I am searching for him. I want
to search for him the way a shepherd searches for his
sheep if they have strayed from the flock. You know
where he withdraws in the evening, would you be prepared to show is the place. Judas, trust us. In the silence
and seclusion of the night they will bring him to me and
no one shall know of it.

*NATHANIEL*

Judas, you can still become a respected and wealthy man.

*JUDAS*

I am ready.

*CAIAPHAS*

Nathan, Archelaus, and Ezechiel will accompany you.
It seems advisable that a few men of the temple guard
accompany you as well.

*JUDAS*

At nightfall I will wait for your people at the gate of
Betphage.

*CAIAPHAS*

Judas, I almost forgot – I stand in your debt.

*JUDAS*

No, High Priest, you owe me nothing.

*CAIAPHAS*

Here, take thirty pieces of silver – an appropriate reward
for your troubles. *(Judas takes the money and leaves)*

*NATHANIEL*

You twitter like a swallow and coo like a dove.

*CAIAPHAS*

Everything is set up perfectly according to our wishes.
Soon the false prophet will be in our hands.

# Jesus' Meal with his Disciples

*PROLOG*

During their final meal before parting from his friends,
Jesus celebrates the night when the Lord liberated his people
>from Egyptian bondage,
when Moses and his companions, gathered round the table
of the lamb, were waiting for their God,
>to lead them into the promised land.

Death before his eyes, Jesus, too, hopes for Israel's
saving God and – prepared to love unto the end, –
>offers himself as the Passover Lamb.
He gives himself in bread and wine,
becomes a source of life in death,
>salvation's light in disaster's night,

so that the hearts of men and women, when they
eat his bread, be transformed into his heart,
>so that the blood he shed become the wine
of life, so that across the eons
his presence strengthen us and liberate us
>to become children of the light.

LIVING IMAGE
## The Paschal meal before the exodus from Egypt

*NARRATOR*

*Already the hour draws near,*
*when the mission of Jesus shall be fulfilled –*
*as once through the prophet's mouth*
*was revealed as God's will.*
*"Your sacrifices," said the Lord,*
*"no longer please me –*
*the human heart is my desire!*
*People shall live in obedience to me!*
*They shall give themselves wholly to me!" –*
*And Jesus offers himself unto death!*
*In his bread*
*throughout the globe*
*his sacrifice becomes a covenant with God! –*
*In the meal of Moses, filled with hope*
*for the coming of Lord,*
*recognize the meal that Jesus shared with his friends!*

*CHORUS OF THE ISRAELITES HOPING FOR LIBERATION:*

*Oh Lord, hear your people's cry in the foreign land!*
*Oh Lord, let us see salvation!*
*Save us with your mighty hand!*
*Lord, see our affliction!*
*See our misery in Egyptian servitude!*
*Help us escape from the Pharaoh's prison,*
*who presses your people – to mock you –*
*into bondage*
*and does not let us go in peace!*
*You, God of our fathers,*
*show us anew*
*your everlasting fidelity!*
*Be our savior!*
*Hear our cry!*
*Break our chains!*
*With your powerful hand*
*lead us into the promised land!*
*Assist us this night!*
*Oh Lord, free us from our enslaving bonds!*


*VOICE OF THE LORD*

*I have heard Israel's pleas,*
*your distress I have seen,*
*your agony, your tears,*
*your troubles, your longings!*
*What you have suffered, I have borne with you.*
*Into rejoicing I will turn your lamentations!*
*I will rip you from the enemy's power,*
*I will watch out for you,*
*I will show you the way*
*into your land, this very night.*


*CHORUS*

*He who liberated Israel,*
*may his grace last forever!*
*He who led Jesus out of death,*
*who unites us in the bread of Jesus,*
*whose hand holds us all*
*whenever evil surrounds us,*
*may his goodness last forever!*
*His mercy protect us!*

JOHN

Blessed be the light that always burns in the innermost recesses of the heart!

THOMAS

Blessed be the heart that maintains its dignity. Blessed be the match that consumes itself as it ignites the light.

JOHN

Barúch attá, adonáj elohénu, mélech haolám, aschér kiddeschánu bemizvotáv weziwwánu lehadlík ner schel yom tov.

SIMON

Our heart may lift itself, our soul may revive when we ignite the light.

*(all are silent and John lights the flame)*

JOHN

Rabbi, why are you standing so far from us and why are you hiding your face?

PETER

We were hoping for light and darkness came.

SIMON

Your enemies say dreadful things against you: When will he die and when will his name be forgotten?

PETER

You have performed signs before the eyes of people, and still, they do not convert.

JACOB

Who believes the words you preach?

JACOB A.

Who trusts in God's power?

ANDREW

The arm of the Lord - to whom was it revealed ?

PETER

They come in vast crowds to see you and yet don't mean it in their hearts; instead, they look for cause of scandal they can carry out into the streets.

THOMAS

They remain faithless and blind

JESUS

They see but do not see. They hear but do not listen or understand. For the human heart is obstinate. Walk in the light to keep the darkness from attacking you. Whoever walks in darkness does not know where he goes.

PETER

Is all of this merely the beginning of labor pains? Tell us: What will happen?

JESUS

All the generations of the earth will lament and wail.
And it will be as in the days of Noah – in the days before
the flood – they ate, they drank, they married, and allowed themselves to be wed, until the day Noah entered the
ark, and they paid no attention, but the flood came and
took them all. Therefore be awake, for you don't know
the day when the Lord will come. Be ready. For he will
come at an hour you do not expect.

Then all of humanity will be gathered before him, and he
will separate you one from the other, as the shepherd
separates the sheep from the goats. And he will say to
those on his right: Come here, you, whom my Father has
blessed, and inherit the kingdom prepared for you from
the beginning of the world.

Then he will turn to the others, those on his left, and say
to them: Away! Get away from me – I was hungry, and
you gave me nothing to eat. I was thirsty and you gave
me nothing to drink. I was a stranger and you did not
offer me shelter. I was naked and you did not clothe me. I
was ill and in prison, and you did not come to visit me.
They will ask him: Lord, when did we not serve you?
And he will say: Whatever you have not done for one of
these lowliest among my brothers, you have not done for
me. *(Picks up a basin and begins to wash their feet.)*

ANDREW

What do you want to do?

PETER

Rabbi, you want to wash my feet?

JESUS

Peter, don't you understand what I am doing?

PETER

In eternity you shall not wash my feet.

JESUS

You call me Master and Rabbi. But the master is no greater than the slave, and the messenger is no greater than
the one who sent him. I am among you like a servant.
Follow me and do to one another, as I have done to you.

PETER

Rabbi, then not only my feet, but also my hands and
head *(after he has washed their feet)*

JESUS

Why are you so sad? Why do you look at me with such
sorrow? Grace be to you! You have eyes and see. You

have ears and hear. I say to you: Many prophets, many just and faithful people have longed to see what you see and hear what you hear. – Come! Most fervently I have longed to celebrate this Passover meal with you.

PETER

Praised be you, our God, who blessed the People Israel!

JOHN

Why is this night different from all other nights?

PETER

This is the night when the Lord led Israel out of Egypt with a mighty hand and an outstretched arm.

ANDREW

He separated the sea of reeds into two parts and led Israel safely between the waters.

JUDAS

He guided his people through the desert and gave the land as inheritance to Israel, his servant.

JOHN

This is the day the Lord has made.

JESUS

Our Father in the heavens, your name be holy, your kingdom come,

PHILIP

on earth your will be done, as it is in heaven

THADDEUS

Give us each day the bread we need!

JUDAS

Forgive us our sin, as we forgive those who have sinned against us!

PETER

Lead us not into temptation but deliver us from evil..

JESUS

Our fathers ate manna in the desert and died. I am the living bread. Whoever comes to me will never hunger, and whoever believes in me will never again thirst. Whoever eats this bread will live in eternity. I am the bread of life.

Baruch attá, adonáj elohénu, mélech haolám, hamozí léchem min haárez. *(breaks the bread and gives it to them)*. Take! Eat! My body. This bread is my body that I shall give for the life of the world.

*(takes the cup)* Baruch ata Adonai elohenu melech ha-olam boray pri hagafen. Praised be you, Eternal One, our God, King of the World, who creates the fruit of the vine!

From the bodies of those who believe in me there will
flow streams of living water. Drink! My blood.
My blood of the covenant, that will be shed for the
forgiveness of sin.

*(gives them the cup)* This is my commandment: that you
love one another as I have loved you. No one has greater
love than this, to lay down one's life for others.

JOHN

Rabbi, so this is your last Passover feast?

JESUS

My hour has come. I must die. Do not weep for me. Weep
for him who is betraying me!

ANDREW

What are you saying?

JESUS

The one who eats the bread with me will betray me.

MATTHEW

Whom do you mean?

SIMON

Of whom are you speaking

PETER

What? A traitor among us

JACOB A.

Who can the traitor be?

JACOB

Lord, one of us?

JESUS

Yes, one of you.

MATTHEW

Lord, you know it is not me.

JACOB A.

Say his name openly.

PHILIP

Rabbi, is it me? I would sink into the earth in shame if it
were me.

THOMAS

Is it me?

THADDEUS

Rabbi, is it me?

JUDAS

Is it me, Rabbi?

JOHN

Who is it?

JUDAS

Is it me, Rabbi?

JESUS

Friend, whatever you want to do, do it soon! *(Judas leaves the room. Peter tries to stop him.)* It would have been better for him if he had never been born. Let us go and leave here!

# Jesus on Mount Olive –
# The Arrest

*PROLOGUE*

The jubilant voices in the streets have died away.
Already mighty forces are moving toward Jesus, armed
>with clanging weapons,
>>along with Judas, a former friend,

like Joab, the commander of an army,
who greeted his rival Amasa with a kiss,
>and pierced him with a dagger.

Beneath Gethsemane's nocturnal sky, alone
in the hour of decision, Jesus shrinks back in terror
>at that which is about to come.

Once Moses lay prostrate before the thorn bush in terror
at his God who had called him from his flock, and he lay
>there struggling against the Word out of the flames.

Jesus as well, stunned by the abyss of approaching
hell, falls to the ground. To the high heavens he casts
>his pleas. From the depths he calls
>>to the Lord of Life.

LIVING IMAGE
## The betrayal at the Rock of Gibeon

*NARRATOR*

*Like once Joab near the rock of Gibeon -*
*Judas sins against the Son of Man!*
*You rocks of Gibeon!*
*Why are you dark in mourning?*
*You rocks of Gibeon!*
*Your solid wall of stone stands firm,*
*as though for all eternity!*
*And yet you see the human heart*
*unfaithful from the beginning!*
*Tell us: what you have learned?*
*Tell us, what took place at this spot!*

CHORUS OF THE ROCKS

*Take flight! Take flight! Avoid this dreadful place!*
*It saw calamity and betrayal!*
*Oh flee this dreadful place!*
*Here, pierced by his brother's hand, Amasa fell,*
*he who had faith in the greeting of loyal friendship,*
*deceived by a false brotherly kiss.*
*The stone is touched by his lament:*
*"What are you doing to me?"*

CHORUS

*You rocks, share Amasas' agony,*
*lament Joab's dark and treacherous heart.*
*Be silent, you rocks of Gibeon,*
*and learn with horror,*
*what we see over there on Mount Olive!*

NARRATOR

*In the Garden of Gethsemane!*
*Judas hands over the master!*
*Ah, with a friend's greeting*
*and a brother's kiss,*
*his mind blinded, he delivers*
*Jesus, his hope,*
*delivers him in the dark of the night*
*into his enemies' might!*

CHORUS

*Oh Lord, whoever loses you,*
*and leads a life removed from you,*
*proudly rejecting your grace,*
*will walk the darkest of paths!*
*Woe to us, if we apostatize!*
*Woe to us! Have mercy on us all!*

## SCENE 1
## Soldiers on the Way to Mount Olive

JUDAS

Now be quiet! We are getting close to the place where he has withdrawn to spend the night in solitude.

ARCHELAUS

Judas, if this night brings us good fortune you will harvest the most glorious fruit.

JUDAS

If the attack is not expected, resistance is not unthinkable.

*SELPHA*

What if we are noticed by his disciples?

*JUDAS*

Hold your men back. Don't worry! You will have him in your power without a single blow of a sword.

*NATHANIEL*

Judas, how will we recognize your Rabbi in the dark of the night?

*JUDAS*

I will hurry up to him – the one I'll kiss, he is the one.

*RAM*

Do you hear? By a kiss you shall recognize Jesus.

*ANGEL*

Put on, Jerusalem, your mourning dress. Weep, oh people on Mount Zion. Horror and a pit will be his, anguish and agony. He will eat his fill of shame and will offer his cheek to the one who strikes him. He will be the laughingstock of all the people; they will mock him in song day and night.

*JUDAS*

But now, let us hurry! It is time. We are not far from Gethsemane.

LIVING IMAGE
# The calling of Moses before the burning bush

*NARRATION (CHORUS)*

*Out of the fiery thorns,*
*the blazing flood of flames*
*at Horeb's sacred place, Moses hears*
*his God's urging word:*

*VOICE OF THE LORD*

*"Moses, step up before Pharaoh's throne!*
*In my name end Israel's servitude!"*

*MOSES*

*"Who am I, to speak to the king?*
*You know my lack of power, my weakness!"*

*VOICE OF THE LORD*

*"Listen, Moses! For Israel's sake*
*you must follow my bidding!"*

*MOSES*

*"Lord, send another in my place!"*

*VOICE OF THE LORD*
> "I am with you! Obey my command!"

*CHORUS*
> Thus sends the Lord out of flaming thorns
> Moses forth in holy wrath.
> And Jesus, too, does battle with his own reluctance
> and prays that he may not yield to temptation.

*NARRATION (CHORUS)*
> See Jesus kneel in the olive grove,
> sorrowing unto death,
> how weeping and screaming aloud
> he offers himself to the Father!

*CHORUS*
> Do all of you wish to go with Jesus,
> and see him suffer, endure, and die!

## SCENE 2
# On Mount Olive

*PETER*
> So nothing can dissuade you?

*JESUS*
> The world must recognize that I love the Father and do
> what the Father has commissioned me to do.

*JOHN*
> Has the hour come, Rabbi, when you will be delivered
> into your enemies' hands? They will kill you.

*THOMAS*
> *(to John)* He, who raises the dead, cannot die.

*JACOB A.*
> What can your enemies do to you - one word from you
> crushes all of them!

*JACOB*
> The Lord will protect you and preserve your life and
> refuse to abandon you to the will of your enemies.

*JESUS*
> *(is silent)*

*JOHN*
> Remain with us, Rabbi!

*JESUS*
> My soul is troubled. What shall I say, Father, save me
> from this hour? I have come into this world for the sake
> of this hour. In me must be fulfilled what has been
> written "He is counted among the criminals."

*PHILIP*

I have never seen him so depressed.

*PETER*

Rabbi, where you go, there I go as well

*JESUS*

Where I am going you cannot follow me now. But later you will follow me there. Tonight, all of you will take offence at me. the Lord will strike the shepherd and the sheep of the flock will scatter.

*PETER*

Even if all the others are offended by you, I will never do so.

*JESUS*

Peter, I say to you, before the rooster crows, you will deny me three times.

*PETER*

Me? Even if it meant that I must die with you, I would never deny you.

*JESUS*

Simon, Simon, Satan has demanded that all of you be sifted like wheat. But I have prayed for you, that your faith may not cease. Give strength to your brothers!

*PETER*

Lord, I am ready to go to prison and death with you.

*JESUS*

My soul is troubled unto death. My strength is a dry as a broken piece of pottery. My tongue is sticking to my palate. Stay here and keep watch with me!

*JOHN*

My soul is suffering with yours.

*JESUS*

John, Peter, Jacob, stay awake with me. Father, you have loved me since before the foundation of the world. When I was still in my mother's womb, you called my name. You forged my mouth into a sharp sword. I have revealed your will to the people, I have given them your word, but the world has despised it. Father, the world has not recognized you, but I have recognized you! How dark everything is growing around me! The fear of death engulfs me! Father! *(turns to the disciples)* Simon

*PETER*

Rabbi!

*JESUS*

Simon, you are sleeping?

*PETER*

See, I am here, Rabbi!

*JESUS*

Could you not keep awake for an hour with me?

*PETER*

Forgive me! I will stay awake with you.

*JACOB*

I was overcome with sleep.

*JESUS*

Stay awake and pray, that you may not yield to temptation!

*JOHN*

Rabbi, we want to pray.

*JESUS*

I have become a stranger to my brothers. From my mother's womb, I have depended only on you, you, my God. Father, you have placed me into the dust of death. Help me that the abyss won't devour me, that the hole of the pit won't close above me. - The hour of darkness approaches. If it is not possible that this hour pass me by, your will be done. But Father, if it is possible, let this cup of darkness pass me by! - Father, do not be far from me. -The floodgates in the heights are opening. The foundations of the earth are shaking. The earth is cracking open under the weight of humanity's sins. Save me, Father!, do not hide your face from me! Father! Do not abandon me! Sins, humanity's sins! You crush me! My Father! Father! Your son!

*ANGEL*

Bear the sickness of humanity! Take on the pain! Allow yourself to be pierced by their crimes and crushed by their sins. Heal them through your wounds! For the sake of Israel, my chosen one, I have called you by name. In you I will show my glory. I have placed my Spirit on you, to liberate all of those from their prisons who are sitting in darkness. I make you into the light for the nations, so that my saving grace will reach to the ends of the earth.

*JESUS*

I will not shrink back, nor hide my face from taunts and spittle. Yes, Father, your will be done!

*PETER*

What kind of commotion is this? Rabbi!

*ANDREW*

What does this rabble want?

*JOHN*

See! Judas in the lead!

*JUDAS*

*(hurries up to Jesus - kisses him)* Rabbi, greetings to you.

*JESUS*

Friend, you have come. *(to the soldiers)* Whom are you looking for?

*RABBLE*

Jesus of Nazareth!

*JESUS*

I am he.

*JOHN*

Master, knock them down. So they can never get up!

*JESUS*

I have told you that I am he. If you are really looking for me, let them go!

*SELPHA*

Seize him! *(Peter strikes Malchus with his sword)*

*JESUS*

Peter! Those who take up the sword shall perish by the sword!

*MALCHUS*

I am wounded, my ear!

*JESUS*

*(Jesus touches the ear of Malthus)* Do not worry. - You have come for me as though I were a robber, to capture me with swords and clubs. Day after day I used to sit with you in the temple and teach, and you did not stretch out your arms to arrest me. But this is your hour; this is the power of darkness. See, here I am!

*SELPHA*

Seize him! Tie him up securely, so he cannot escape us!

*NATHANIEL*

You are responsible to the High Council for this.

*BALBUS*

He will not manage to tear himself away from our hands.

*MELCHI*

You will pay dearly for this sacrilege!

*The battle of agony has begun,*
*begun at Gethsemane.*
*You sinners, take this to heart,*
*never forget this scene!*
*For your salvation this took place,*
*what you saw on Mount Olive.*

*For us Jesus is prepared*
*to yield himself to death,*
*for us he drains the bitter cup*
*for our salvation, that we may live.*
*See, oh humans, the shackles on his hands*
*are ransom for your freedom!*

# End of Part I

# Interrogations before Annas and the High Council

> The mighty ones let him, the one who reveals God's truth,
> feel their power. In the middle of the night he is led
>> from interrogation to interrogation,
>> dragged from judge to judge.
>
> But, like once Daniel, the prophet whom God's angel
> protected in the lions' pit, Jesus, his trust placed
>> in God, stands up to the accusations,
>> even the threat of death.
>
> Job, who without guilt was thrust into nameless misery,
> who was mocked as one punished by God,
>> he offers us an image of the despised,
>> battered servant of the Lord,
>
> whom noisy tormentors taunt without mercy,
> and with mocking sneers turn into a cruel spectacle.
>> He does not defend himself, does not hide
>> his face from abuse and spittle.

LIVING IMAGE
## The Prophet Daniel in the Lion's Pit

*NARRATOR*
> *How my heart bleeds!*
> *The holy one stands before the court -*
> *he must bear the malice of sinners,*
> *betrayed and abused, bound and beaten!*
> *Who can recognize in him the Son of God?*
> *To Annas first, dragged on to Caiaphas -*
> *what will he here and, ah, what there, be forced to bear!?*
> *So see Daniel as well, see how they mock the prophet!*

*CHORUS*
> *"Daniel must die! He dared*
> *slander and revile you, oh king!*
> *He must be exterminated from Babylon!"*
> *Thus brazenly wag the tongues of the envious,*
> *who have already stipulated that the penalty*
> *decreed by the king be death.*

*Ah, down into the abyss he is thrust,*
*Daniel the Prophet,*
*because he honored his God,*
*he shall die in chains!*
*Soon Jesus will be interrogated at court*
*and again interrogated.*
*Where judgment is rendered blindly,*
*how could he receive justice?*

*Consider the injustice of this world,*
*the martyrs, the countless victims!*
*If you have experienced such misfortune,*
*hope for the Lord's justice!*

*Wherever the voice of truth is smothered,*
*suppressed by those in power,*
*there you, the powerless, have faith:*
*the Lord loves justice!*

LIVING IMAGE
# The mocking of Job

*NARRATOR*
> *See Job, moaning in agony!*
> *Ah, who is not moved to tears?*
> *His wife and friends are jeering*
> *and taunt him to his face.*

*CHORUS*
> *Ah, what a man –*
> *see Job in agony!*
> *But patiently he bears the anguish.*
> *harassed all around by taunts and derision,*
> *filled with hope, he trusts in his God.*
>
> *Ah, what a man!*
> *He utters not a sound of complaint -*
> *see Jesus, how he silently bears,*
> *as savagery insults and beats him!*
> *Oh, be compassionate, as you see,*
> *him stand before you humiliated,*
> *in deepest shame,*
> *the man of sorrows!*
> *Ah, what a man!*

# SCENE 1
## Before Annas

*ANNAS*

I can find no rest.

*ESDRAS*

High Priest!

*ANNAS*

Esdras, what is happening this night? From all the streets excited people are rushing toward Mount Olive.

*ESDRAS*

Caiaphas has called a special meeting of the High Council.

*ANNAS*

In the middle of the night?

*SIDRACH*

We have heard that this Galilean has fallen into our hands.

*ANNAS*

Go, Esdras, hurry to the Kidron Gate and see what is happening there.!

*ESDRAS*

As the high lord commands. *(exits)*

*SIDRACH*

Caiaphas has won over one of the Galilean's disciples who has betrayed his nighttime whereabouts.

*ANNAS*

Has this procrastinator finally acted! It would be a great good fortune for the High Council if he had been captured. In vain I look down Kidron Street. Nothing can be seen or heard. The night advances, and still there is no assurance! Every minute of this waiting seems more like an hour to me.

*ZOROBABEL*

Esdras is coming, I see him hurrying down the street.

*ESDRAS*

I have seen Nathaniel, Archelaus, and Ezechiel with the temple guard. High priest, the Galilean has been captured.

*ANNAS*

Happy news! Blessed hour! *(Counselors, Judas, and the temple guard come on stage with Jesus)*

*SELPHA*

Don't go easy on him. Drive him on!

*RABBLE*

Move! Go, you false prophet!

*NATHANIEL*

The wish of the High Council is fulfilled. The Galilean has been caught.

ANNAS

I must embrace all of you with joy.

EZECHIEL

Judas has kept his word.

ARCHELAUS

The entire High Council is in your debt.

ANNAS

Judas, your name will assume a place of honor in our annuals. –

JUDAS

What are you planning? You are taking him through the city like a criminal. Caiaphas demanded that he be brought to him silently.

ANNAS

Oh Judas, it is good to trust the Lord and not to depend on humans. Already before the festival the Galilean will be condemned. Thank you for your eager and clever collaboration.

JUDAS

I have done what I considered my duty, but ...

ANNAS

The rest is our business. You have done your duty, now leave.

JUDAS

No! Tell me: what are you planning to do with him?

NATHANIEL

This night the High Council will interrogate him

ANNAS

Judas, I am afraid a judgment will be rendered.

JUDAS

You want to kill him. He is supposed to die?

ANNAS

Not until he is dead will the storm in Caiaphas' heart abate.

JUDAS

This was not the purpose I delivered him to you.

ARCHELAUS

You have delivered him.

JUDAS

I don't want to be responsible for his death.

ANNAS

That is not necessary. He is now in our power.

JUDAS

Woe to me! What have I done?! He is supposed to die? No, I didn't want that, I don't want that.

NATHANIEL

Whether you approve or not, he still must die.

*(Judas leaves)*

**ANNAS**

Jesus, son of the carpenter, I have heard people say: This Jesus, the Nazarene, will change the customs passed on to us from Moses. Now, speak! Account for your disciples, for the teaching you have spread all over the land and with which you have seduced the people!

**NATHANIEL**

Speak when you are interrogated by your superior!

**JESUS**

I have openly spoken in front of the world, I have always taught in the synagogues and the temple, and I have said nothing in secret. Why do you ask me? You know what I said.

**BALBUS**

*(hits Jesus in the face)* Is this your response to the High Priest?

**JESUS**

If I have taught error, then prove that it was error! If I have spoken truth, then why do you hit me?

**ANNAS**

You pride yourself on having knowledge of God. I hear that you make lepers clean, the blind see, and even command the unclean spirits. Say, what do you bring? A new teaching?

**JESUS**

If you listen to my words you will recognize the truth and the truth will set you free.

**ANNAS**

We are the children of Abraham and have never been anyone's slaves. How can you say: You shall become free?

**JESUS**

I say to you: Whoever commits sins is a slave to sin. When you become free from sin you will be truly free.

**ANNAS**

Are you accusing me of a sin? Listen, from the beginning of the world no one has heard of anyone giving sight to one born blind. Are we not justified to say that you are performing your work through Beelzebub, the highest among the demons, and are possessed by an evil spirit? You are born in sin and claim to teach us?

**JESUS**

I have no evil spirit, I honor my Father. I say to you: Whoever keeps my word will not know death in all eternity.

**ANNAS**

What are you making of yourself? Abraham and the

prophets died, but you say: Whoever holds fast to my word will not die in eternity. Are you greater than our father Abraham?

JESUS

You call Abraham your father? But now you want to kill me, me, a man who speaks the truth to you. If you were the children of Abraham you would do the works of God. Why do you not comprehend my words?

ANNAS

Because I don't like them. You still dare defy us, even though your life is in our power? Long enough have you ridiculed the words of our most renowned teachers, you have called our pious customs useless formalities, you have branded the virtue of the scribes hypocrisy, you have despised the divine office of the teachers and priests. I know: The Lord has not sent you; but you make the people depend on lies. – Where are you keeping his followers?

SELPHA

His followers have scattered like timid sheep. And we don't consider it worthwhile to catch them.


## SCENE 2
# Before Caiaphas

DATHAN

The High Priests.

CAIAPHAS

Praised be our fathers!!

HIGH COUNCIL

Praised be the God of our fathers!

CAIAPHAS

Are all gathered?

DATHAN

All you have invited.

CAIAPHAS

So let us bring this matter to its conclusion.

DATHAN

Reverend High Priest, as you commanded, here is the prisoner.

NATHANIEL

Honor the head of the High Council Jesus of Nazareth, you are charged ... *(Joseph of A. and several additional priests come on stage)*

JOSEPH OF A.

What is going on here? High Priest, in the middle of the

night you call the council together, but I, and many others who venerate the Galilean have not been invited.

CAIAPHAS

What business do you have here?

ANNAS

You are blinded, carried away by the silly words of an itinerant preacher who revolts against us, the priests and scribes, and undermines all order in Jerusalem.

NICODEMUS

Caiaphas, you want to condemn this man to death before he has been interrogated, before an investigation, before witnesses have testified. Is that right and just? Are such proceedings worthy of the fathers of the People of God?

ARCHELAUS

You want to accuse the High Council of injustice? Do you know the regulations of our law?

NICODEMUS

I know the Law of Moses as well as you do, and I know that no judgment can be rendered without proper examination of witnesses.

CAIAPHAS

Nicodemus, all of this has been considered. Dathan brought the necessary witnesses. – Bring them in.

GAMALIEL

What? They are supposed to testify against him?

ASER

Unreliable hypocrites who say what you want to hear?

GAMALIEL

Caiaphas, consider what you are doing! You are holding court not in the name of human beings but in the name of the Lord. Fathers, God is with you whenever you pronounce judgment. Allow yourselves to be led by the fear of the Lord! Keep the law and do justice! For with the Lord our God there is no injustice, no regard for a person's prominence, no corruptibility.

CAIAPHAS

Gamaliel, this is enough! - Continue!

NATHANIEL

Jesus, son of Joseph from Nazareth, you are charged with inciting the people to disobedience, scorning the teaching of the fathers, and violating the divine commandment to keep the Sabbath holy. You indulged in blasphemous words and actions. – Here honorable men are standing who are prepared to testify to the truth of these accusations. Hear them, and then you may defend yourself, if you can!

**NUN**

I can affirm before God that this man publicly chastised the priests and scribes as hypocrites, ravenous wolves in sheep's clothing, and the "blind leading the blind." And he said that their example should not be followed.

**ELIAB**

I attest to this as well.

**GAD**

I have seen how he associated with tax collectors, prostitutes, and sinners, and even visited their homes to eat with them.

**WITNESSES**

We observed this as well.

**ELIAB**

I heard from credible sources that he even spoke to pagans, and even stayed with them for days at a time.

**NATHANIEL**

What do you have to say for yourself concerning this testimony?

**ARCHELAUS**

He is silent. Can't think of anything to say.

**NUN**

I was an eye witness when on the Sabbath he did what is forbidden by God's law.

**JOSAPHAT**

Shamelessly, he healed the sick and crippled on the Sabbath, and he also encouraged others to violate the Sabbath.

**GAD**

He commanded one man to carry his bed home on the Sabbath, and another to wash himself in the pond of Siloah.

**ELIEZER**

He said: I am going to tear down the temple built by humans and replace it in three days with another that was not built by human hands.

**EZECHIEL**

What an impudent boast! It took forty-six years to build this temple, and he wants to rebuild it in three days!

**NATHANIEL**

What do you have to say to object to this testimony? Can't you think of a response? Contradict, if you can!

**ANNAS**

He neither speaks nor gestures. The defiance he has shown against me has not yet left him.

**NATHANIEL**

I see: You think you can save yourself if you keep silent.

He doesn't dare confess in front of the fathers of the
people, in front of his judges, what he has boasted before
the common people.

CAIAPHAS

Jesus of Nazareth! Impatiently I have waited for this
moment. Whence do you assert this claim? - Who has
appointed you leader of Israel and judge over us? Speak!

JESUS

*(is silent)*

ANNAS

Should reverence not protect us from being made an
object of his derision?

NICODEMUS

He is a living reproach to your basic convictions.

ANNAS

Yes, Nicodemus, the mere sight of him aggravates me.

JOSEPH OF A.

You are more concerned with being honored by humans
than by God.

CAIAPHAS

I beg of you.

NICODEMUS

Caiaphas, what are your charges? Violations of the law?
The Galilean does not honor the law? Has he not said
that not one iota of the law should be taken away?

NATHANIEL

He trampled on the law with his feet!

GAMALIEL

He healed the sick and cured the possessed!

EZECHIEL

He abolished fasting and purification, and desecrated the
Sabbath!

NATHAN

The blind are seeing and the paralyzed are walking!

MERERIE

And the lepers are clean!

ARCHELAUS

He is a glutton and drunkard, a friend of tax collectors
and prostitutes!

CAIAPHAS

Silence!

JOSEPH OF A.

I profess, no one can work these signs if God is not with
him.

CAIAPHAS

If God is with him? Joseph, you are getting lost in a
fabrication!

JOSEPH OF A.

High Priest? Are signs and miracles not happening?

CAIAPHAS

Don't trust these signs; you cannot know whose work they are.

NATHANIEL

He is a heretic, a deceiver, who accomplishes his deeds only through Beelzebub!

GAMALIEL

If his work comes from Satan it will be destroyed. If it derives from God, you won't be able to destroy it. Let this man be!

NATHANIEL

Never!

NICODEMUS

He is inconvenient and gets in the way of your activities.

ANNAS

He considers us counterfeit coin! He avoids our ways as if they were garbage.

NICODEMUS

But he praises the just ones as fortunate.

GAMALIEL

High Priest, if this man has violated the law, so punish him, cast him into prison – but don't kill him.

ARCHELAUS

He presumed to forgive sins which God alone has the right to do.

ANNAS

He raised himself beyond Abraham, claiming that he existed before Abraham; he claims to be above Solomon, the wisest of the leaders of Israel.

NATHANIEL

Yes, he wishes to be everyone at once: Elijah, David, and a new Moses!

CAIAPHAS

I beg you, be silent! Jesus of Nazareth, do you insist on the words you spoke in the temple: "The kingdom of God will be taken from you and given to those who produce the expected fruits"?

EPHRAIM

Who shall take it from us? He?

CAIAPHAS

Silence! Have pity on your land, the temple, your wives and children and do not jeopardize everything for the sake of this one, single Galilean.

ANNAS

He is a seducer and swindler who used the pretext of a mission to work toward rebellion and turmoil and whips up the people to religious fanaticism. –

CAIAPHAS

Yes! – But much more serious than every one of these charges is the following: He called God his father, he made himself into the son of God, the equal to God.

NICODEMUS

What are you accusing him of? God called us sons. Did he not say when Israel was young I loved him and called him, my son, out of Egypt?

CAIAPHAS

Jesus of Nazareth, if you are the Messiah, the son of God, so tell us!

JESUS

If I tell you, you still won't believe me.

CAIAPHAS

Hear! I, the High Priest, implore you in the name of the living God! Speak! Are you the Messiah, the Son of God, who is highly praised?

JESUS

You say it – I am he.

CAIAPHAS

*(tearing his robes)* He has blasphemed God! Why do we need any more witnesses? You yourselves heard the blasphemy. Josef, teacher of the law, I charge you to respond: What does the holy law say concerning the blasphemer?

JOSEPH OF A.

"Tell the children of Israel: A man who curses his God, shall be held responsible for his transgression. Anyone who blasphemes the name of the Lord shall be put to death. The entire community shall stone him, whether he is a native born or an alien."

CAIAPHAS

It is now proper for you, reverend father, to pass sentence concerning the guilt and punishment of this man

JOSEPH OF A.

I admit: According to his own way which you condemn, he serves the God of our fathers. He believes everything written in the Law and the Prophets, and has the same hopeful faith in God that many among us here share as well.

CAIAPHAS

Oh you faithless and perverse generation. Joseph., not I, not the High Council, are passing judgment upon him - he has condemned himself.

NATHANIEL

He is guilty of blasphemy.- he shall die!

ANNAS

He die!

*ASER*

He die!

*NATHAN*

He die!

*EZECHIEL*

He die!

*NICODEMUS*

I curse this decision. I want no part in this shameful blood court.

*CAIAPHAS*

Leave our circle, if you persist in such speech!

*NICODEMUS*

I have heard the teachings of this man from Nazareth and I have seen his actions! I speak of what I know. I testify to what I have seen. But you will not accept my testimony.

*NATHAN*

What business do you have here, traitor to the High Council?

*JOSEPH OF A.*

I must agree with Nicodemus. Jesus has not been proved guilty of any deed for which he would deserve death, nor will it be possible to prove any such deed.

*GAMALIEL*

Your injured vanity has twisted Jesus' words.

*JOSEPH OF A.*

You have conspired against the will of God!

*NICODEMUS*

God protects the path of the righteous; the path of blasphemers leads into the abyss

*CAIAPHAS*

*(after a pause)* No one, Nicodemus, no one shall accuse us of injustice. He has not only violated our law but has violated Roman law in a variety of ways. . Not we but the procurator shall pronounce the death sentence over him. *(to Selpha)* Take the prisoner into the yard and wait for our orders.

*JOSEPH OF A.*

What have our fellow-believers not already had to suffer! How many death sentences have been pronounced and most cruelly executed? How can you, Caiaphas, deliver a son of Israel to the cruel Roman?

*CAIAPHAS*

You do not understand these things. Joseph, I owe you no account for my actions. – Now, Silence, you apostates!

# Jesus is mocked –
# Peter denies Jesus –
# The despair of Judas

*PROLOGUE*

Through the words of the priest Judas discovered
that Jesus was to be crushed to death in the gears
of might's machinery. He who betrayed him
    feels the burden of guilt.

Where to? Where to, Iscariot?
Where are you driven by fear
and a tortured conscience? See, Peter who denied him,
    repents, hopes for mercy! The gate to salvation
        stands open for you as well

But like Cain, who raised his hand against the brother
Judas calls out: "Too great is my sin, beyond
forgiveness!" Like Cain – restless, sleepless,
    unreconciled – driven toward the abyss
        by blind despair.

## LIVING IMAGE
## The despair of Cain

*JUDAS*

*"Ah come, oh Death, my comforter! Come, oh Death!!*
*My master and friend shall die.*
*Ah, come and console me –*
*it would be an end to my anguish!*
*Shall I be guilty of his destruction?*
*Woe, how could I turn in my friend,*
*turn in my friend to die!*
*I have lost him, ruined him!*
*I cannot live with the guilt.*
*I have lost him, ruined him!*
*so I myself will take my life,*
*take my own life!"*

*CHORUS*

*He does not know how to close*
*the floodgates of the abyss,*
*the white hot flame of despair blazes high.*
*Driven to madness by his conscience,*
*lashed by all the furies' rage,*

> *Judas is rushing without rest*
> *and finds no more peace.*

NARRATION

> *Thus Cain, too, attempts to flee, but where?*
> *For from himself he cannot escape.*
> *Within himself he carries the agony of hell.*
> *And though he rushes from place to place,*
> *it lashes him without a moment's grace.*
> *Whereever you are, threatens the scourge!*
> *Where is an end to your torment?*
> *Where can you still find salvation?*
> *Must you bear your agony without end?*

CHORUS

> *See Judas plunge into the darkness below!*
> *Why is no brother holding him?*
> *Gracious Lord, grant mercy to the exiled,*
> *those without comfort and rest,*
> *the desperate and the traitors,*
> *the victims and the perpetrators,*
> *those who live in fear, those who live in sin,*
> *grant them rest and forgiveness with you!*

## SCENE 1
## Judas wanders about aimlessly

JUDAS

> I am haunted by anxious premonitions. Wherever I go, I am tortured by Annas' words, "He shall die!" No, no, surely they won't go that far. No, it cannot come to that. They have no reason for it. It would be terrible if they - and it is my fault! If he had wanted to save himself he could have let them feel his power in the olive grove. Since he did not do it then, he'll never do it! They shall have the money back, the blood money. They must release my rabbi to me. Foolish hope! They will scoff at me. Oh, the agonies of hell are tormenting my heart and soul.

## SCENE 2
## Jesus is mocked

SARA

> Is the interrogation over already?

ESDRAS

> No, it seems to take the entire night. They quarreled among themselves.

*AGAR*

Quarreled? Does one of the authorities or Pharisees believe in him?

*ESDRAS*

Joseph of Arimathea, Nicodemus, and even some from the circle of the Pharisees spoke in favor of this Galilean. But his defense turned out badly.

*MELCHI*

Turned out badly? It earned him a hard slap on his ear. *(the soldiers laugh)*

*PETER*

I am terrified to approach this house. What will happen to Jesus? It's so quiet all about.

*JOHN*

He is not here. Might they have taken him away already again?

*ESDRAS*

What do you want here?

*JOHN*

Excuse us! We saw people from a distance come here from the Kidron gate and followed them to see what has happened.

*ESDRAS*

A prisoner was brought. He was taken to Caiaphas.

*SIDRACH*

But now get lost.

*PETER*

We don't want to cause any trouble. We are going.

*AGAR*

*(to John)* Hey, come here! Here you can warm yourself.

*RAM*

A young tom cat for the old cat! *(laughs)*

*AGAR*

Permit him a little place by my side.

*SEVERAL*

Come here!

*JOHN*

There is still a companion with me. Could he come as well?

*SARA*

So there is one for me too. Where is he? Come on! *(leads Peter to the fire)*

*JUDITH*

*(runs from the street)* The prisoner is being brought out.

*SEVERAL*

Forward! Go, or should we carry you on our arms? *(Jesus is led out)*

**ZOROBABEL**

How did it go?

**SELPHA**

Half the night they quarreled about him. Until dawn, we must guard him, then he will be taken to Pilate. He is to pass judgment on him.

**AGAR**

Then come here with your prisoner; here it is warmer.

**SELPHA**

Hey, comrades, come here!

**MALCHUS**

Go on, pick up your feet!

**BALBUS**

Here I am comfortable. If I had I only come sooner!
*(to Jesus)* Come on, your followers want to proclaim you king!

**OBED**

See over there, the dreamer is coming!

**LEVI**

*(pushes him-Jesus falls)* Away with this fanatic, away!

**ARPHAXAD**

Come on, get up!

**OBED**

Get up and let the thunder of your omnipotence roar and lightning bolts shoot forth from your right hand!

**MALCHUS**

To have them feel your strength, cast them down into the dust! - *(several let themselves fall laughing into the dust)*

**OBED**

Brothers! Not for destruction did he come here in glory; through him all shall inherit grace, bliss, and salvation!

**PANTHER**

He may feel if he enjoys ruling us as a king.

**LEVI**

Is this throne too humble for you, great king?

**MALCHUS**

Sit down more firmly! More firmly! Otherwise you might fall off!

**AGAR**

Let us salute you, hot-from the oven king! Let us salute you!

**ALL**

Let us salute you!

**LEVI**

*(clears throat and spits in his face)* Excuse me, I didn't see you. *(brushes his hand across Jesus' face. Jesus falls.)*

*PANTHER*

Oh dear, our king has fallen off his throne!

*RAM*

What should we do now? We don't have a king anymore!

*BALBUS*

You're pitiful – first such a great miracle worker and is now so feeble and powerless.

*ARPHAXAD*

Come on! Let's help him back up on his throne!

*MELCHI*

Arise, mighty king! Accept anew our homage!

*PANTHER*

Praise to you, noble King!

*ALL*

Praise to you, noble King!

*SELPHA*

But he is a great prophet! *(covers Jesus' eyes, strikes him)* Tell me, who hit you?

*ARPHAXAD*

Was it me?

*LEVI*

Was it me?

*PANTHER*

What it possibly me?

*SELPHA*

He is deaf and dumb – some prophet!

*SARA*

*(to Peter)* I have been looking at you for a long time. If I'm not mistaken, you are one of this Galilean's disciples.

*PETER*

I'm not the one you mean, Woman. I don't know him, don't even know what you're saying.

*SARA*

Look, this one is a follower of the Galilean.

*PETER*

Me?

*AGAR*

Yes, yes, you were with the Nazarene!

*JUDITH*

Yes, you are one of his disciples.

*PETER*

No, definitely – that's not who I am. I don't even know this person.

*AGAR*

You're lying. Of course, you were with him.

*MELCHI*

Yes, I saw you last night in the olive grove with him.

Peter

God be my witness that I do not know him! I don't know what you want with me. What do I care about this Jesus?

Obed

You know his name.

Ram

Now you have given yourself away.

Balbus

Yes, yes, you are a follower of the Galilean. *(tears the blindfold from Jesus' eyes).* Don't you recognize your rabbi?

Peter

*(breaks away and runs off)*

Melchi

*(to Jesus)* He won't escape us. All of your followers will be exterminated.

Selpha

Up, Galilean! You have been king long enough.

Levi

Your rule is now over.

*(bringing him to the back of the stage)*


SCENE 3
# The Remorse of Peter

*PETER*

Jesus, what a miserable person I am! How low have I fallen: I have denied you, my friend and teacher, denied you three times! You, for whom I promised to go to death! I curse my disloyalty; I curse my shameful cowardice! To betray you! I cannot grasp how I could have forgotten myself in this way. – Jesus, if you will still have mercy for me, mercy for one who has been disloyal, then send it, send it to me. Hear the voice of my repentant heart! The betrayal has happened. I cannot undo it.

*JOHN*

*(to Peter)* He won't abandon you. His expression, as he looked at you – believe me, he will forgive you.

*PETER*

Never, never again will I leave him! All the love of my heart shall be focused on you from this moment on, clasp me to you firmly and closely. And nothing, nothing shall ever have the power to separate me from you again!

## SCENE 4
# Judas demands the release of Jesus

*DATHAN*

The High Priest! Get up, it is now time to take him to Pilate!

*SELPHA*

Take him and let us hurry to the governor's palace. – Rejoice, Pilate will announce an elevation to you, your elevation between heaven and earth.

*RAM*

There the crows will sing around your ears..

*ALL*

Away with you! Your reign has ended! *(Jesus is taken away, followed by the High Council.)*

*JUDAS*

*(out of the darkness)* Caiaphas!

*ARCHELAUS*

Who is speaking?

*JUDAS*

Caiaphas!

*CAIAPHAS*

Who is speaking?

*JUDAS*

*(comes out of the dark)* Caiaphas, you have seduced me, deceived me, and concealed your intentions from me until you had him in your hands.

*ARCHELAUS*

Why are you pushing yourself uncalled before the High Priest?

*JUDAS*

Is it true? You have sentenced him to death?

*NATHANIEL*

Away! They will call you when you are needed.

*JUDAS*

I must know. Did you condemn him?

*ARCHELAUS*

He was found guilty of blasphemy.

*JUDAS*

And do you want to kill him? – Woe to you, Caiaphas! You condemn and murder innocence.

*DARIABAS*

Be quiet, Judas!

*JUDAS*

No rest for me! None for him! The blood, the blood of innocence cries out to heaven.

*CAIAPHAS*

What confuses your soul? Speak!

*NATHANIEL*

But speak with reverence! You are standing before the
High Priest.

*JUDAS*

You want to hand over to death him who is free of any
guilt? You may not do so. I object. *(laughter)* Yes, laugh!
Mock me! I have sinned. I have betrayed the righteous
one. Punish me, Caiaphas, but spare Jesus!

*NATHANIEL*

You have offered yourself, and closed the bargain.

*JUDAS*

You have made me a traitor.

*EZECHIEL*

Remember, Judas! You have received a handsome reward.

*JUDAS*

I do not want it any more. Release the innocent!

*ARCHELAUS*

Pull yourself together, Fool!

*JUDAS*

I demand the return of the innocent.

*ANNAS*

What, you vile treacherous soul, you want to make rules
for the High Council?

*JUDAS*

I a treacherous soul? Then rip me to pieces, you devils
from the deepest hell!

*ANNAS*

Judas, how dare you?

*JUDAS*

Crush me!

*ANNAS*

A madman!

*JUDAS*

Here you have your curse, your blood money! *(throws it
down)*

*CAIAPHAS*

Why did you allow yourself to get carried away to do
something you had not considered beforehand? You
betrayed your friend. I am pursuing an enemy.

*JUDAS*

So my soul shall perish – my body burst – and you, you
shall sink with me into hell!

*JOSAPHAT*

Caiaphas, don't put up with this! Punish this impertinent
man!

CAIAPHAS

He is out of his mind! Let us go. *(the temple guard holds him back. High Council leaves.)*

MELCHI

Take the money and buy yourself a rope!

JUDAS

Where can I go to hide my shame, to scrape off the agony? No place is dark enough. No sea is deep enough. Earth, open up and devour me! I can be no more. I have betrayed him; the best of human beings I have delivered into the hands of his enemies to be tortured and executed. Where is another man on whom such guilt rests? I am a contemptible traitor! –

How kind he was always toward me! How gently he comforted me when dark dejection oppressed my soul! How he warned me, when I was already harboring thoughts of this shameless betrayal. And this is how I repaid him. Accursed Satan, you have made me blind and deaf. You tempted me to do this deed and dragged me into the abyss. Not a disciple any longer, – an outcast – hated everywhere, despised by everyone -berated as a traitor even by those who seduced me – I wander aimlessly about with this blazing fire within my gut! Everyone takes flight from me. Everyone curses me. Still, there is one – one whose face I wish I could see again – to whom I could cling. But this one will be taken to Pilate, led to his death, through my fault, my fault! Woe to me! For me there is no hope, no redemption. He is dead – and I am his murderer. Ill-fated hour in which my mother gave birth to me! Am I to drag along this martyr's life any longer? Endure these agonies within me? Flee from others as one infected with the plague? Despised by all the world? No, I can't bear it any longer. Not another step will I take! Here I will come to an end, end this accursed life. Here on this tree the most miserable of all fruits shall hang! Come, you serpent, coil yourself around my throat! Strangle the traitor!

# Jesus before Pilate und Herod

*PROLOGUE*

> The prisoner is led before the Roman judge.
> Confronting a ruler of the world stands Jesus,
>> he who ushers in the Reign of God,
>> and throughout the land has proclaimed
>>> the kingdom of the Father.

> But Pilate, intoxicated by his own power,
> remains deaf to the voice of truth.
>> Committed to darkness, he shuts himself off
>> from the light and orders the slaughter
>>> of the only righteous one.

> Moses had been repudiated as God's messenger as well,
> when the deluded Pharaoh asked him: "Who is Yahweh,
>> that I should heed his voice?
>> I shall never obey his directive,
>>> for alien to me is your God!"

LIVING IMAGE
## Moses is expelled by the Pharaoh

*NARRATOR*

> *The death sentence, ah, it will be pronounced!*
> *The Lord is thrown away – the Holy One is exiled!*
> *Oh, see him! Do you want to repudiate him as well,*
> *him who was sent to us from heaven?*
> *Repent!*

*CHORUS*

> *All nations! Look up toward the bright light of Jesus!*
> *Do not turn away, so that the source*
> *of salvation does not dry up for you,*
> *so that the weight of darkness,*
> *cannot bring death and destruction*
> *as it pours itself out over you!*

*NARRATION*

> *Ah, Jesus taken away –*
> *handed over to Pilate's might!*
> *He too won't recognize the Lord*
> *who comes from the heavens!*
> *See Moses! See! Once rejected like Jesus!*
> *The heart of the mighty one was closed to him as well!*

PHARAOH

> "Move away from my throne!
> Never shall you be rewarded with freedom!"
> Thus speaks coldly Egypt's ruler,
> "I have you in my power!
> Never shall you return to your home,
> there to worship a Lord
> other than me!
> You speak of Yahweh, a God,
> who you claim has sent you to my throne.
> Show me his face!
> His name is unknown to me!
> You shall never leave to mock me!
> I shall never follow your God,
> for I do not know your Yahweh!"

CHORUS

> Thus he was reviled
> the great prophet.
> Contempt was his only reward.
> Thus is misunderstood,
> the one sent to us,
> thus, God's son is discarded!
> If God is barred from one's heart,
> then – as one can see in the world –
> we will also hate our fellow humans!

## SCENE 1
# Before Pilate

SELPHA

> Drive him on!

PANTHER

> Should we carry you?

LEVI

> Just go! Your journey won't take much longer anyway!

MALCHUS

> On the gallows you can take a rest.

SERVANT

> Away with you, you false prophet!

CAIAPHAS

> Stay calm! We want to have us announced.

QUINTUS

> What do these people want?

ARCHELAUS

> The High Council has assembled here. I am standing here

with a request to the supreme governor of the emperor
that he might receive the High Priest.

QUINTUS

This shall be announced to the governor.

CAIAPHAS

You men of the High Council, if you care deeply for your
reputation, the peace of the whole country, so consider
this moment! It will decide between us and that seducer.
*(Pilate comes on stage)*

PILATE

What shall all this bellowing! Caiaphas, why are you
pestering me?

CAIAPHAS

Procurator. I bow down before you. I bow down before
the Emperor, the father of all Romans! I bow down ...

PILATE

Yes! *(impatiently)* What is going on in the city?

CAIAPHAS

I ensure you, I have the city totally under my control.

PILATE

And in order to tell me that you drag all your priests into
my court and awaken me from my sleep in the middle of
the night.

CAIAPHAS

Most noble Governor! I would never dare do such
a thing.

PILATE

Why don't you look me in the face?

CLAUDIUS

Maybe he stole something. *(laughs)*

PILATE

I don't want to hear anything!

CAIAPHAS

I come to the Procurator of the noble Emperor with the
following request: that you condemn Jesus of Nazareth
who has violated our holy law in many ways.

PILATE

Caiaphas, I have told you that I never again wanted to
hear anything of this Jesus. Caiaphas – look at me – you
dare bring him before me, the Governor of the Emperor,
and to disregard my orders. How dare you drag a stray
dog into my palace? If this Jesus has violated your laws,
take him and judge him according to your law.

CAIAPHAS

According to our law he deserves the death penalty. But
I would never, Procurator, never dare to do such a thing
unauthorized. We are not allowed to execute criminals

while you are present in our city. The Emperor has given you that office.

PILATE

How well he is suddenly informed concerning the directives of the Emperor. – I have understood you. You are not capable and consequently I am expected to dirty my hands. So be it! Bring him before me. Of what are you accusing him?

ARCHELAUS

We, the High Council concluded that he should be condemned to death based on careful investigation of his crimes. Hence, it doesn't seem necessary, that the honorable Governor trouble himself with conducting yet another trial.

PILATE

What! You dare presume that I, the Emperor's Governor, should serve as blind tool for carrying out your decisions? I must know which one of your many laws he has broken, and in what manner.

NATHANIEL

We have a law, and according to that law he must die, because he called himself the Son of God

RABINTH

We all heard this blasphemy from his own lips.

PILATE

Blasphemy?! Your religion bores me to death. So he called himself a son of God? This sort of talk is at worst the result of some wildly irrational imagination. No Roman can condemn a man to death for something like this. Who knows if this man is not indeed the son of some god or other. Can't you charge him with some other crime?

CAIAPHAS

Pilate, I have your word that our law will be upheld.

PILATE

But I don't feel like wasting my time on your superstitious nonsense.

NATHANIEL

He does not remember his promise!

AURELIUS

Have you not understood? The Governor is not interested in your religious squabbles.

ANNAS

This is more than a squabble. This is an affront to our people and its most sacred values.

PILATE

Was this not the voice I heard of the fearless Annas I heard? Here he is! *(walks toward him)*

ANNAS

Israel is captive in misery, it lives among pagans! Lord arise so that these people will not gain the upper hand!

CAIAPHAS

But not this man has not only violated our law, he is guilty of serious crimes against the Emperor as well.

ANNAS

He claims to be the Messiah, the King of Israel. This is a call for the people to stop being loyal to the Emperor. Is it not rebellion when he forbids the people to pay taxes to the Emperor?

PILATE

I admire your sudden and newly awakened zeal for the Emperor's reputation. – Do you hear what serious charges they bring against you?

JESUS

*(is silent)*

NATHANIEL

See, he cannot deny them!

EZECHIEL

His silence is a confession of his crimes.

SEVERAL

So condemn him!

PILATE

Go! I will interrogate him alone. My soldiers shall take him over. –

CAIAPHAS

Why this unnecessary delay?

PILATE

Go! You gods, what riff raff! I despise this city. *(to Jesus)* So you have incited the people – peculiar rumors are circulating about you. – Give me an answer! You called yourself, they say, king of the Jews. What is to this story?

JESUS

*(is silent)*

PILATE

Will you not speak to me either? In Jerusalem people whisper among themselves that I am a cruel judge. And that is quite accurate. Longinus, explain to him that he must speak to me.

LONGINUS

*(strikes him)* Did you understand me? Speak!

PILATE

Jew! The priests accuse you of having proclaimed yourself king. Speak! What is to this story?

JESUS

*(is silent)*

*JULIUS*

Conclude this interrogation and have him killed.

*PILATE*

Don't be obstinate. You know that I have the power to release you and the power to crucify you?

*JESUS*

You would have no power over me if that power had not been granted to you from above. *(Herod enters)*

*PILATE*

How? From above?


## SCENE 2
## Before Herod

*MANASSE*

The king of Galilee!

*PILATE*

King! – You are in Jerusalem for the festival?

*HEROD*

As I am every year. And every year the same heat and every year the same dirt. *(sees the many priests)* Oh, the Lord is preparing an army for battle.

*CAIAPHAS*

Most noble King!

*PRIESTS*

Hail and blessings upon you from the Almighty!

*HEROD*

Pilate, what pleasant news sounded in my ear. I hear you have the famous miracle man Jesus of Nazareth with you as a prisoner? I have long yearned to see him, this man whose deeds are talked about throughout the land, whom the people follow in large crowds as though enticed by a magic spell!

*PILATE*

If you take such delight in him, then take him with you.

*CAIAPHAS*

Pilate, what 's the point of this?

*PILATE*

He is a Galilean and his subject.

*HEROD*

I shall take it as token of your friendship. Since I have a chance to see him so unexpectedly I am eager to put his magic powers to a test.

*CAIAPHAS*

What's the point of this new delay. King Herod, the High Council has arrested this seducer of the people and is bringing him before the governor of the emperor to have him punished.

PILATE

Caiaphas! Now don't spoil his pleasure.

HEROD

So? Rumor has told me much, indeed very much, about you, and for a long time I have yearned to see such a man who causes such amazement throughout the lands. I have heard that you can see into the secrets of the human heart and accomplish deeds that go beyond the boundaries of nature. Let us see a test, a proof of your science and high power – and I shall honor you and believe in you along with the people!

KEMUEL

Oh King, do not be misled, he is in league with Beelzebub!

HEROD

What do I care. Hear! If you are enlightened, such as once Joseph was when he stood before the King of Egypt, so interpret a dream for your King as well: I was standing at the pinnacle of my palace at Herodium and saw the sun go down. Then, suddenly, a figure stood before me, stretched out its hand, pointed toward the Evening, and said: Look over there, in Hesperia, is your bed chamber. As soon as it had spoken, the figure dissolved into mist. I was startled and woke up. What does this mean?

PILATE

I don't think he is versed in this topic.

HEROD

So show us your famous magic power! Make it suddenly dark –

ZABULON

Show yourself willing!

DELAJA

Provide entertainment for your King, so you will curry favor with him against the charges of your enemies!

HEROD

– or – rise up before us and walk without touching the ground,

EHUD

Go on, take your destiny in your Hands and get up to heaven.

HEROD

– or, like Moses, transform this stick into a snake!

ZABULON

Don't you want –

HEROD

– or can't you? It should be easy for you, with all the astonishing miracles told about you. – He doesn't stir.

MANASSE

*(to Jesus)* If there is something to you, why is your
wisdom silent here?

DELAJA

Why does your power dissipate like a soap bubble?

NAASSON

It is easy to deceive the stupid masses with tricks. It is
quite a different thing to stand before a wise and mighty
king.

HEROD

Yes, I see clearly now that the legend that makes so much
of his fame is vain gossip of the people. He knows
nothing and can't do anything! He is a silly man who has
been driven a little crazy by the adulation of the people.

CAIAPHAS

King, you have now convinced yourself that his great
deeds are lies and deception, fairy tales that serve only to
seduce the people.

HEROD

He has in no way fulfilled my expectations. I promised
myself the most delightful enjoyment of God knows what
miracles and feats of rhetoric.

CAIAPHAS

Time is of the essence. This man must be condemned
before the festival.

HEROD

John – you know him? John spoke with wisdom and
strength which had to be feared. But this man is mute
like a fish.

CAIAPHAS

Oh King., do not trust this man! He only pretends to be a
simpleton in order to have you reduce his sentence.

ANNAS

If he is not removed, then the position of the king itself is
in danger, for he proclaimed himself king.

HEROD

This man? *(to Pilate)* This man, king?

PILATE

So it is said. He gathered crowds of people around him
by the thousands, and just a few days ago he ....

HEROD

... entered Jerusalem, on a donkey, surrounded by women
and children. I heard about that.

PILATE

He is your subject. If you agree, pronounce judgment
over him!

HEROD

You relinquish the judge's office to me in your territory?
How can I act as judge in alien territory?

*DELAJA*

The governor seems to want to get closer to the king again.

*HEROD*

No, Pilate, I don't want to be responsible for the death of a king. I will give him a royal cloak and formally proclaim him king of all fools. I say: He is a simpleton, and not even capable of the crimes of which you accuse him. If he has done or said anything against the law, his childish simplicity is to blame.

*PILATE*

King, take care that you are not deceived!

*HEROD*

I am not deceived. Let him go. He isn't worth your trouble. *(Herod leaves)*


## SCENE 3
# Scourging of Jesus

*PILATE*

So everything remains with me. I ask for the third time: They charge you with having proclaimed yourself King of the Jews. Talk! Are you their king?

*JESUS*

My kingdom is not of this world. If my kingdom were of world, my servants would have defended me, so that I would not have fallen into the hands of my enemies.

*PILATE*

There are now many servants who have run away from their masters. My patience is near the end. Oh, I wish you had never been born!

*JESUS*

I was born and came into the world for the purpose of giving witness to the truth. Whoever lives in the truth hears my voice.

*PILATE*

What is truth? *(takes a whip and strikes him)*

*LONGINUS*

This is truth.

*PILATE*

For the last time: Are you the king of the Jews?

*JESUS*

You say it.

*CAIAPHAS*

Now he has said it.

QUINTUS

Pilate, he has proclaimed himself king over Israel. He is a high traitor to Rome. Crucify him!

ANNAS

He is a criminal against our laws and a criminal against the emperor!

NATHANIEL

Condemn him.

PILATE

Silence!

CAIAPHAS

Condemn him!

SEVERAL

Condemn him!

PILATE

Silence! *(after a long pause)* Beware, High Priest! *(to Jesus)* Now, pray, Jesus of Nazareth, you King of the Jews, pray to your God! And hope that he will help you in this hour!

ARCHELAUS

What is he planning?

PILATE

Curb your curiosity and wait! *(to Longinus)* Have him flogged!

LONGINUS

So come, Majesty, and allow me to accompany you!

DOMITIUS

What an honor for us, to walk next to the venerated King of the Jews!

LONGINUS

*(tears off his robe)* Scourge him!

GAIUS

Keep beating!

LONGINUS

Don't spare your strength!

CASPIUS

Keep beating – even if he falls along the way!

SABINUS

I can't go on, my arms are tired.

CASPIUS

What? Tired? With each blow I become stronger.

CLAUDIA

*(storms on stage)* Stop it! Stop! You are beating him to death!

BRUTUS

How can he die, if he is God? *(all laugh and continue the flogging – Jesus collapses)*

CLAUDIA

Pilate! I implore you, let him go free! Last night I suffered fear and terror because of him in a dream.

PILATE

I too, am pursued by dreams, Claudia, it's that damn heat in this country that keeps us from sleeping.

CLAUDIA

*(gets in the way of a flogger)* Pilate, don't scoff. Believe me, I have seen a righteous man, a solitary righteous man, surrounded by injustice and violence.

PILATE

*(pulls Claudia to the side)* Continue! But don't turn him into a cripple! I still need him.

LONGINUS

Now he has had enough! You pitiful king of the Jews!!

PILATE

But what kind of a king? Without a scepter in his hand? Without a crown on his head?

BRUTUS

That can be corrected. He shall be royally equipped.

SABINUS

Be patient for a little while, I'll be right back!

MILO

You must become a genuine king.

BRUTUS

Look here! This magnificent royal cloak is certainly a delightful adornment for a king of the Jews. *(laughter)*

MILO

You didn't exactly expect such an honor?

BRUTUS

Come on, let us put that purple cloak around your shoulders!

SABINUS

And this magnificent jagged crown! *(puts it on his head)* Let us look at you! *(laughter)*

CASPIUS

But to keep the crown from falling off his head, it must be put on firmly. Take this, brothers! Help me!
*(they push the crown into his head with two sticks)*

TITUS

Here is the scepter! Now you lack nothing. What a king!

PEDIUS

We salute you, great and mighty King of the Jews!

ALL

*(prostrate themselves before him)* We salute you, great and mighty King of the Jews!

*PILATE*

See what a man: Look at him over there, you priests, and let yourselves be warned! Serve the Emperor in fear, and tremble as you kiss his feet that he not grow angry with you and you not perish.

*CAIAPHAS*

Pilate! Do you know what you're saying?

*PILATE*

I know what I am saying. Caiaphas, you told me about the incidents in the temple district. Hundreds accompanied this Jesus in the courtyards, called him Son of David, threw clothing at his feet and scattered palms. The people love this dreamer. Now I want to do them a favor:

*CAIAPHAS*

What does this mean?

*PILATE*

According to an ancient custom I will release a prisoner for the Passover festival; I will give the people its king.

*AURELIUS*

*(laughs loudly)* They will consider themselves fortunate to get such a handsome king.

*PILATE*

Caiaphas! Listen to the voice of your people, they want a king, and I will give them a king. But, with this king you will be a laughing stock among all the nations. Come here! Bend your knees and give homage to the dreamer!

*CAIAPHAS*

Never! Pilate, you make us a laughing stock. You want to spare Jesus of Nazareth for only one reason, that he incite the people to attack the faith and lead the people under the Roman swords. The people of Jerusalem know that you pursue them with burning hatred and will inflict a great deal of suffering on them, but you cannot destroy them. God will protect them. He will hear our prayers, and even the mighty Emperor will listen to us and protect us from Pilate the destroyer. Do you hear, Pilate?

*PILATE*

I have heard – I heard your voice! The croaking voice of a man whom I elevated to the seat of the High Priest not so long ago! Caiaphas, here in Jerusalem from now on only the voice of the Procurator counts. Beware of me! I repeat, beware of me! Go and do not forget your king.

*CAIAPHAS*

We don't want this king.

*PILATE*

Now I won't deal with this Jesus any longer!
*(wants to go)*

CAIAPHAS

You scoff and mock us. *(to the priests)* Go into the streets and alleys of our Holy City and demand that our faithful supporters come here! Try to win over our moderate supporters through the power of your word! But the followers of the Galilean intimidate so none of them dare to show up here!

EZECHIEL

We'll be back soon.

NATHANIEL

Every one with an enthusiastic crowd!

JOSAPHAT

From all the streets of Jerusalem, we want to lead the excited people from the courthouse.

ARCHELAUS

Pilate, hear the many voices cry, the Galilean to the cross!

ALL

The Galilean to the cross!

*(except for Caiaphas and companions they leave)*

CAIAPHAS

*(to Pilate)* As long as I live I, the High Priest of Judea, will protect the faith and the people. Do you hear me, Pilate? *(Caiaphas and companions leave)*

PILATE

This Caiaphas annoys me. - Take him away, into the darkest hole!

NARRATOR

*Oh, Jesus, King!*
*To be mocked*
*you were crowned!*
*Ah, with what a crown*
*and what a scepter in your hand*
*We see you dressed in purple,*
*to the scoffers delight.*
*Why are you bearing such pain and ridicule?*
*What, oh Lord, has brought you such affliction?*

CHORUS

*See, what a man!*

*NARRATOR*
> *Jesus! King! Crowned to be mocked!*

*CHORUS*
> *Where in you is divinity's trace?*
> *Merely a toy for barbarous executioners!*
> *See, what a man!*

*NARRATOR*
> *Despised! Tortured!*

*CHORUS*
> *What a man!*

*NARRATOR*
> *In love you are bound!*
> *For love you were wounded!*

*CHORUS*
> *See the King!*

*NARRATOR*
> *Ah, our guilt!*
> *Lord, your patience!*
> *You suffer for us,*
> *bear pain for us,*
> *to save us all.*

*CHORUS*
> *to save us.*

# Jesus condemned by Pilate

*PROLOGUE*

> See! In the man of sorrows,
> robbed of all dignity,
> shrilly screamed at,
> defenseless, without power,
> God's love reveals itself,
> and, from beneath disgrace, hidden,
> there steps forth the new king
> of heaven and earth,
>
> who does not rule by might,
> but only through love,
> who serving to the end,
> draws us to his heart
> and will satisfy all longing
> and all hunger!
>
> Him, our king with his crown of thorns,
> let us praise,
> as once in Egypt the people
> welcomed Joseph with jubilation
> who had saved them from starvation!

LIVING IMAGE
## Joseph Is Celebrated as Egypt's Savior

*CHORUS*

> *Loudly it shall resound through Egypt:*
> *Long live Joseph! Let him be praised!*
> *Re echoing a thousand times:*
> *He is savior and friend of the people!*
> *Let all their voices' joyous sound*
> *praise you in celebration!*

*NARRATION*

> *You are Egypt's salvation and joy,*
> *liberate the land from misery and suffering.*
> *You, Joseph, Egypt celebrates today*
> *as savior – filled with gratitude.*

CHORUS

> Long live Joseph! Let him be praised!
> Re echoing a thousand times:
> He is the people's king and savior!
> Let all their voices' joyous sound
> praise you in celebration!

## SCENE 1
# Condemnation by Pilate

JOHN

What is happening in the city? From all the streets
excited people are gathering together. I am afraid to go
out into the street!

NICODEMUS

If you had only been more vigilant! Where is Peter?

JOHN

I last saw him the courtyards of the High Priest. That's as
far as we followed Jesus, but lost him in the crowd.
Nicodemus, what will have happened to Jesus since I last
saw him in the courtyard of Caiaphas?

NICODEMUS

John, the priests left the palace. Early in the morning
they led Jesus to the governor, but nobody knows what
happens there.

JOHN

He himself has told us: The Son of Man will be handed
over to the High Priests and scribes; they will deliver him
to the Romans. But they will mock him, scourge him,
and kill him.

NICODEMUS

A human life doesn't mean much to Pilate.

JOHN

May God direct the Governor's intentions toward justice,
so he will protect the innocent one!

NICODEMUS

John! Heaven and earth will pass away; but his words
will not pass away. He has admonished us to pray and to
have faith – now we must trust in his words!

JOHN

What's all that screaming?

NICODEMUS

Come! Away from here!

GAMALIEL

*(with one group)* Nicodemus!

NICODEMUS

Gamaliel! What is happening in the city? What's that noise?

GAMALIEL

Nobody knows what happened in the palace of the Procurator.

SIMON OF B.

From all the houses and streets, the priests are gathering their supporters.

JOSEPH OF A.

Caiaphas and the High Council calling for the release of Barabbas.

SIMON OF B.

We don't have enough time to notify our friends.

GAMALIEL

*(to his group)* but you call for the release of Jesus!

SEVERAL

We are coming with you! *(people from the streets)*

NATHANIEL

*(from the street)* I urge you to save our holy law!

OTHERS

You are our fathers! We vouch for your honor!

EZECHIEL

Shake off the yoke of the seducer!

SEVERAL

We want nothing more to do with him!

OTHERS

We obey you.

ARCHELAUS

Obey the High Council! It will save you!

SEVERAL

You are our true friends.

OTHERS

We want to be free of the heretic, the Nazarene!
*(the crowd has reached the stage. Caiaphas, Annas, and the High Council come on stage)*

ANNAS

Come on, children! Throw yourselves into the arms of the High Council! It will save you.

CAIAPHAS

The God of your fathers will accept you again.

ARCHELAUS

Long live the High Council!

SEVERAL

Long live our teachers and priests!

ANNAS

And the Galilean die! Let us demand his death!

*NATHANIEL*

The Nazarene shall die!

*SEVERAL*

The Nazarene shall die!

*ARCHELAUS*

He has distorted the law.

*NATHANIEL*

He has despised Moses and the prophets!

*EZECHIEL*

He has blasphemed God!

*CAIAPHAS*

Death to the false prophet!

*AMAN*

The blasphemer shall die!

*SEVERAL*

He shall die!

*OTHERS*

He shall die!

*CAIAPHAS*

We will not rest until the sentence is pronounced.

*NICODEMUS*

Caiaphas! Why have you decided in your heart to do this?

*NATHANIEL*

Look there – Nicodemus with his followers. What a pathetic bunch!

*NICODEMUS*

Brothers, do not listen to them! Which one of the prophets have they not persecuted!?

*NATHANIEL*

Hold fast to your priests and teachers! Away with anyone who rises up against them!

*GAMALIEL*

You call yourselves teachers. You are full of injustice, malice, and envy. Do not believe them! They slander and defame, are arrogant, haughty, and boastful, without love and compassion.

*NICODEMUS*

Brothers! We are witnesses of everything Jesus has done from Galilee up to here in Jerusalem, as he traveled around the country, doing good and healing all who were under the power of evil. You want to kill him? Get away from here!

*CAIAPHAS*

Nicodemus! Let us see who will win, you, with your following of prostitutes, tax collectors, and pagans, or we, with our followers, all of whom obey the Law.

**NATHANIEL**

Obey the High Council and don't allow yourselves to be misled by the others!

**SEVERAL**

We obey you.

**OTHERS**

Long live the High Council!

**SEVERAL**

Long live the High Council!

**CAIAPHAS**

Oh, rejoice that you have escaped the unspeakable destruction this deceiver and his followers want to bring to you!

**ANNAS**

Only the indefatigable efforts of your fathers will save you from the abyss. Curses on him who does not agree with his death!

**SEVERAL**

We demand his death.

**ANNAS**

He is expelled from the community! He shall have no share in the inheritance of our fathers!

**CAIAPHAS**

The governor wants to release the blasphemer to you for the Passover feast. Let us insist on the release of Barabbas!

**NATHANIEL**

Barabbas should be free!

**ARCHELAUS**

The Nazarene perish!

**SEVERAL**

The Nazarene perish!

**CAIAPHAS**

Most glorious day! This day we will have our honor and liberty restored. Stand firm! Forcefully demand judgment!

**SEVERAL**

The Nazarene shall die!

**OTHERS**

Die!

**MORE**

Die! *(the first Romans come on stage)*

**POMPONIUS**

Riot! Insurrection!

**CAIAPHAS**

Show courage! Hold out without fear! The justice of our case is our protection.

*ARCHELAUS*

Pilate, pronounce the death sentence!

*SEVERAL*

The death sentence!

*OTHERS*

The death sentence!

*POMPONIUS*

Silence! Quiet!

*NATHANIEL*

No! We will not rest until Pilate releases Barabbas.

*POMPONIUS*

Pilate will appear shortly. *(Roman soldiers come on stage)*

*PILATE*

*(enters)*

*EZECHIEL*

Release Barabbas!

*LEADERS*

Barabbas!

*MORE*

Barabbas!

*SEVERAL*

Release Barabbas!

*CAIAPHAS*

Governor, hear the voice of the people of Jerusalem.

*NICODEMUS*

These are not the people of Jerusalem. This is a frenzied mob.

*CAIAPHAS*

See! They agree with our charges. They demand the death of the Nazarene!

*SEVERAL*

We demand his death!

*NICODEMUS*

Release him! He is without guilt.

*SEVERAL*

Release him!

*EZECHIEL*

On the cross he will do penance for his blasphemy!

*PTOLOMEUS*

On the cross!

*SEVERAL*

On the cross with him!

*OTHERS*

Crucify –

*MORE*

Crucify him!

PILATE

Silence! Caiaphas, you amaze me. Men of Jerusalem! You demand the release of the rebel Barabbas. The release of a murderer? I hope this is a mistake. Barabbas will never be set free. Never! Listen! It is a custom that for the feast one prisoner can be released. Look at this man – look! Your king! I give him to you. Take your king! And get lost!

JOSAPHAT

Away with this one! Release Barabbas for us!

PRIESTS

Release Barabbas for us!

CAIAPHAS

You will release the one the people are demanding.

PRIESTS

Crucify him!

JOSEPH OF A.

Release him! He is without guilt!

SEVERAL

Crucify him!

OTHERS

Release him!

SEVERAL

Crucify him!

OTHERS

Release him! He is without guilt!

SEVERAL

Crucify him!

PILATE

What? You want me to have your king nailed to the cross?

ANNAS

We have no king but the emperor alone.

NATHANIEL

Barabbas live!

SEVERAL

Barabbas live!

NATHANIEL

Pronounce the death sentence over the Nazarene!

EZECHIEL

To death with the Nazarene!

SEVERAL

To death!

PRIESTS AND LEADERS

Barabbas live!

MORE

Jesus! Release Jesus!

**PRIESTS**

Release Barabbas!

**SEVERAL**

Barabbas!

**OTHERS**

Release Jesus!

**MORE**

Release Barabbas!

**PILATE**

I don't understand you. A few days ago you accompanied this man through the streets of Jerusalem, shouting cheers and applauding. Is it possible that today you call down death and destruction on him?

**CAIAPHAS**

They have finally realized that they have been betrayed by an adventurer who presumed to call himself the Messiah, the King of Israel.

**NATHANIEL**

Now their eyes have opened because they see how he cannot help himself, he who promised them freedom and salvation.

**ANNAS**

Israel does not want a king who lets himself be captured and bound and mocked by everyone.

**ARCHELAUS**

Let him die, the false Messiah! The deceiver!

**SEVERAL**

Let him die!

**OTHERS**

On the cross with him!

**CAIAPHAS**

Pilate! If you let this one go you are no friend of the emperor.

**PILATE**

Repeat this! Repeat this, Caiaphas!

**CAIAPHAS**

If you let this one go, you are no friend of the emperor.

**PILATE**

Be on your guard, High Priest! Be on your guard!

**CAIAPHAS**

You are threatening me? Jesus of Nazareth has set himself up as king. And whoever sets himself up as a king is a rebel against the emperor.

**NATHANIEL**

And this rebel is to go unpunished and continue to sow the seeds of insurrection?

*ARCHELAUS*

It is the governor's duty to put him out of the way.

*PRIESTS*

Crucify him!

*SEVERAL*

Crucify him!

*OTHERS*

Crucify him!

*MORE*

Crucify him!

*KAIPHAS*

Stop it! We have truly done our duty as the Emperor's subjects and delivered this rebel. If you, Pilate, disregard our accusation, at least we are free from blame. You alone will then be responsible to the emperor for the consequences.

*ANNAS*

If there is general unrest and revolt because of this man, we shall know who is to blame, and the emperor will find out as well! With amazement they will hear in Rome that the emperor's governor has protected a man guilty of high treason.

*NATHANIEL*

You must have him executed. Otherwise there will be no peace in the land.

*KEMUEL*

Pronounce judgment! Sentence him!

*SEVERAL*

Pronounce judgment!

*OTHERS*

Sentence him!

*CAIAPHAS*

May I be allowed one question? Why are you so timid in judging this man, you, who not long ago had your soldiers slaughter hundreds of people, without a trial and without sentencing, who had done no more than shout inflammatory words?

*PILATE*

Caiaphas, wipe the foam from your lips. You know, the crimes of Barabbas weigh much heavier than those of the Nazarene. With his followers he intended to force himself into Jerusalem, overpower the Roman garrison, and set himself up as ruler of the people. This you have obviously forgotten. - I ask you: Given this oversight, do you want to reconsider?

*CAIAPHAS*

We shall not move from this spot until the sentence has been pronounced over the enemy of the Emperor.

JOSAPHAT

Yes, we shall not move from this spot until the sentence has been pronounced.

KEMUEL, DARIABAS, RABINTH, AMIEL

Crucify him!

SEVERAL

Crucify!

OTHERS

Crucify him!

PILATE

Water! - It's muggy, we will have a thunder storm. - And, Julius, bring Barabbas and the other two insurgents and murderers here out of prison. Barabbas will be released at your demand. Take him away – out the city gate, that he never again set foot in this land! But know, High Priest, henceforth you shall never again know peace. Too often, have you threatened me. Concerning everything that is about to happen, Caiaphas, I want you to know, - I wash my hands in innocence. Later today a message will be sent to Rome that you, Caiaphas, shield rebels against Rome from the death penalty.

The death sentence on this Jew, Jesus of Nazareth, is to be prepared in writing and proclaimed in public.

ANNAS

We will bless this day and repeat the name Pontius Pilate with grateful joy.

NATHANIEL, EZECHIEL, ARCHELAUS

Long live our Governor!

MORE

Long live Pontius Pilate!

FAUSTUS

You want to go? Kick and drive them on, the dregs of humanity!

LONGINUS

They are fitting company for your king on his final journey!

PILATE

*(to the two murderers)* Today the earth will be cleansed of both of you and your deeds. You shall die on the cross. - Now let the death sentence be proclaimed!

AURELIUS

I, Pontius Pilate, governor of Judea, under Emperor Claudius Tiberius, hereby pronounce the sentence of death on Jesus of Nazareth, who is accused of having incited the people to riot, forbidden them to pay taxes to Caesar, and proclaimed himself King of the Jews. He shall be taken outside the city walls, nailed on a cross between two felons who are also condemned to death on account of multiple murders, and in this way brought from life to death. Given in Jerusalem, the eve of the Passover festival, in the eighteenth year of the reign of Emperor Tiberius. *(as Aurelius is reading, the crosses are brought.)*

PILATE

*(breaks the staff)* So take him there and crucify him!

CAIAPHAS

Up, our procession passes right through the center of Jerusalem, so all can see us!

ARCHELAUS

Where are his followers to shout Hosanna?

NATHANIEL

His followers will scatter quickly; this Jesus will soon be forgotten.

PRIESTS

Away with him to the place of the skulls!

SEVERAL

To death with him!

OTHERS

Out toward Golgotha!

SEVERAL

Death for this Galilean.

OTHERS

Crucify him!

EZECHIEL

Nicodemus, this happens to everyone who rebels against us.

# Way of the Cross – Crucifixion

*PROLOGUE*
> The judge's word is spoken.
> Out of the city gate, toward the place of the skulls,
> we see Jesus stagger, bowed low
>> beneath the beam of the cross.

> Thus Isaac, Abraham's son,
> loaded the sacrificial firewood on his own back,
> obeying his father, and hauled it
>> willingly up Mount Moriah,
>> himself the intended victim.

> Voluntarily as well, Jesus carries -
> stumbling, falling - the burden of the cross,
> that for us becomes a symbol of hope,
>> a promise of eternal life.

> For just as in the desert salvation came
> from looking up at the bronze serpent,
> so consolation and blessing and grace
>> flow for us from the wood of the cross.

*LIVING IMAGE*
## The sacrifice of Isaac on Mount Moriah

*CHORUS*
> *Adore and say your words of thanks!*
> *He who drained the cup of suffering,*
> *now goes toward crucifixion and death*
> *and reconciles the world with God!*

*NARRATION*
> *As Isaac carried the firewood*
> *himself up Mount Moriah,*
> *under the weight of the cross*
> *Jesus staggers toward Golgotha.*

*CHORUS*
> *Adore and say your words of thanks!*
> *He who drained the cup of suffering,*
> *now goes toward crucifixion and death*
> *and reconciles the world with God!*

LIVING IMAGE
# Salvation by looking up at the bronze serpent

*NARRATION*
> *Nailed to the cross*
> *the Son of Man is raised.*
> *Here, already, in Moses' serpent see*
> *the prototype of the cross to be.*
> *From the bites of venomous snakes*
> *by that serpent the people were saved.*
> *In the same way, there will flow for us*
> *healing and salvation from the cross!*

*CHORUS*
> *Adore and say your words of thanks!*
> *He who drained the cup of suffering,*
> *crowned with thorns, walks the way of the cross,*
> *until he reconciles the world with God.*


# Way of the Cross – Crucifixion

*MARY*
Now I stand in your gates, Jerusalem. Peace be within your walls! For my son's sake I wish you peace, for the sake of the temple of the Lord our God, I plead for good fortune for you. With every passing moment my anxious misery grows, concerning the fate of my son. Where are we going, that I might see him? I must see him - but where do I find him?

*LAZARUS*
Everything around here seems deserted. The streets are empty. It will be best if we go to Nicodemus. There we will discover what has happened to Jesus.
*(John is coming)*

*JOHN*
Cry out, you gates – wail you walls – consume yourself in grief, Israel! Cry out aloud to the Lord, Daughter Zion! Let your tears flow day and night like a stream! Lord! Look and see: To whom have you done such a thing?

*MAGDALENA*
Josef! What has happened?

*MARY*
John, what has happened to my son?

*JOHN*
Mary, the hour has come which he foretold.

*JOHN*

All who see him mock him, open their mouths wide and scream at him. He is no longer a man: beaten, scourged, a laughing stock for people, despised by humankind.

*MAGDALENA*

Like a cloud my hope disappears. My soul dissolves within me. I had hoped for good, but evil comes. I waited for light, but darkness descends.

*JOHN*

Mary, leave this place, you will not be able to bear the sight of him!

*MARY*

Don't urge me to abandon him and turn back! Where he is going, there I will go as well.

*SIMON OF B.*

You yourself might suffer harm if they recognize you as his mother!

*MARY*

I want to suffer with him. I want to share the shame with him.

*JOHN*

If only you strength does not give way!

*MARY*

John, thoughts are revealed, everything comes to light! Oh Simeon, Simeon, now there will be fulfilled, what once you prophesied: See, this one is destined that through him many will fall in Israel and many will be raised, and he will be a sign that will be contradicted. But you will have to suffer many pains for this child's sake - a sword pierces my soul. *(from the street noise grows)* My heart is suddenly grasped by fear and deadly agony.

*SIMON OF CYR.*

Come, children! Hurry that we get to the city! The Sabbath will soon begin. We have little time to buy what we need in order to get home at the appropriate hour.

*SEVERAL*

On! On with him!

*AGRIPPA*

Is the load already too heavy for you?

*SEVERAL*

Crucify him!

*SON OF SIMON*

Father, screaming!

*LONGINUS*

Don't let him rest! Drive him on with blows!

*SEVERAL*

Let him die!

*SON OF SIMON*

What is happening in the city?

*SIMON OF CYR.*

It seems that someone is being taken to Golgotha to be executed. We won't be able to get in.

*CATILINA*

You staggering won't do you any good. You have to make it to Golgotha.

*JOSEPH OF A.*

The crowd is pushing out through this gate. Come, hurry away from here.

*NERO*

On the cross you can rest.

*LONGINUS*

Drive him on with force, so we make it to Golgotha!

*FAUSTUS*

Stop! He is collapsing.

*MARY*

It's him. It is my son. It is my Jesus. Ah, I see you this way, led to death, like a criminal between criminals. Lord, why have you hidden yourself in clouds; no prayer can pierce them. You have turned him into garbage and scum among the nations. My eyes shed streams of tears over my son's pain. Tears, keep on pouring and do not rest, do not stop, until the Lord looks down from Heaven and takes notice. Do not close your ear to my sighs, my screams!

*SIMON OF B.*

Mary, whatever happens, it is God's providence.

*JOHN*

Do you think he was battered by God, beaten by him, and knocked down. But he was beaten for our transgressions, crushed for our sins. We, all of us, have gone astray like sheep, each one going his own way. But the Lord loads on him all of our guilt. He is abused and pressed down, but he does not open his mouth. Like a lamb led to the slaughter, he does not open his mouth.

*NERO*

Get moving, you lazy king of the Jews!

*SILVUS*

He'll stay behind on the path

*LONGINUS*

Here, strengthen yourself! - Don't you want a drink? Then drive him on!

*SILVUS*

Get up!

*AGRIPPA*

No one who is lying down this way gets up again

*FAUSTUS*

Gather your strength! *(drags him up – Jesus falls down)*

*VERONICA*

What are you doing to him?

*SILVUS*

He is too exhausted.

*SEPHORA*

What senseless screaming

*LONGINUS*

Someone must help! *(points to Simon)* Come on, you
have broad shoulders that can carry anything!

*SIMON OF CYR.*

Me? no, I must –

*NERO*

Yes, you must –

*SIMON OF CYR.*

Let me!

*FAUSTUS*

Don't balk! Or you will feel my arm.

*LONGINUS*

Beat him if he refuses!

*SIMON VON C.*

I am innocent. I have committed no crime.

*LONGINUS*

Be quiet!

*SIMON VON C.*

Not with such force!

*CATILINA*

Your shoulders! Look, King of the Jews, even the cross is
taken from you!

*VERONICA*

Master, how your face is covered with blood and sweat!
*(dries his face)*

*REBECCA*

Rabbi, this is how they reward you?

*JESUS*

Daughters of Jerusalem, do not weep for me; weep for
yourselves and for your children!

*REBECCA*

What will happen to us and our children?

*JESUS*

A time will come when it will be said: Happy are the bar-
ren women, the wombs that never gave birth, and the
breasts that never gave suck. Then they will call to the
mountains: Fall on us! And to the hills: Cover us!

For if these things happen when the wood is green, what
will happen when it is dry?

ARCHELAUS

Are we finally moving again!?

NATHANIEL

The Captain is too considerate. Longinus Remove the
womenfolk! It is time that we move on.

CATILINA

What good are your women's tears? Back!

FAUSTUS

Away with you. To the hill of death!

NATHANIEL

Don't spare him!

SEVERAL

Away! Away to Golgotha! –

OTHERS

On the cross with him – on the cross!


*PROLOGUE (MELODRAMA)*

Arise, oh pious souls, arise and go,
with pain, remorse, and gratitude aglow,
go with me to Golgotha and see,
what happens here to set you free!
There the mediator between God
and sinners is dying the atoning death!

Naked, only clothed in wounds,
he will soon hang here on the cross for you!
The merciless will feast their eyes
irreverently gawking at his agony.
And he – who loves you, oh sinner -
silently suffers, endures, and forgives.

Arise, faithful souls, approach the lamb,
who voluntarily offers himself for you!
Behold him on the crucifix!
See, hanging between robbers,
the Son of God pours out his blood!
See what his love can do for you!

He even pleads with the Father,
to forgive his enemies,
and soon he will give his very life,
so we will escape eternal death!
A lance pierces his side
and opens his heart to us still more.

*BASS SOLO*
> *Who can grasp the noble love,*
> *that loves unto death*
> *and, rather than hating the crowd of scoffers,*
> *blesses and forgives.*

*CHORUS*
> *Oh, bring to this love / only faithfull hearts*
> *at th altar's cross / for a sacrifice!*

*LONGINUS*
> Take hold and raise the cross! Don't let up!

*CATILINA*
> Up! Redouble your strength!

*LONGINUS*
> The cross stands firm.

*CATILINA*
> So let us divide up what we have inherited.

*CAIAPHAS*
> Thanks and applause from us all!

*ANNAS*
> Now I will gladly join the fathers because I have experienced the joy of seeing this seducer of the people on the cross. What shall that inscription, "Jesus the Nazarene, King of the Jews"?

*ARCHELAUS*
> This is mockery, an affront to the Council and the entire people!

*AMAN*
> We cannot approve of this title.

*NATHANIEL*
> This inscription must be removed. Have it torn off!

*PRIESTS*
> Have it torn down!

*CAIAPHAS*
> We ourselves may not lay hands on it. *(to Longinus)*
> I demand that this inscription be changed. He is not our king! Write that he claimed: "I am the King of the Jews."!

*LONGINUS*
> This inscription was attached to the cross by order of the governor. What has been written, remains written!

*ANNAS*
> Insufferable!

*NATHANIEL*
> So it remains written: "King of the Jews?" If you are the Messiah, come down from the cross, so that we may see and believe!

*EZECHIEL*
> You who wanted to tear down God's temple and rebuild it in three days, now help yourself!

**CAIAPHAS**

He helped others, but he cannot help himself.

**ANNAS**

You trusted in God, so let God save you now, if he really loves you!

**AGRIPPA**

Come on down and show us your power, exalted King of the Jews!

**NERO**

Are you deaf?

**CATILINA**

All his power is gone! Soon the vultures will devour him.

**JESUS**

Father, forgive them, for they do not know what they are doing!

**GESMAS**

Do you hear? If you are the anointed one, save yourself - and us with you!

**DISMAS**

Do you not fear God either, since you have been condemned to the same punishment? Our punishment is just: for we are receiving the reward we deserved for our crimes. But this man has done no wrong. *(to Jesus)* Lord, remember me when you come into your Kingdom

**JESUS**

I say unto you: Today you will be with me in paradise.

**CAIAPHAS**

Listen! He is still acting as if he had authority over the gates of paradise!

**ARCHELAUS**

Has he not yet let go of his arrogance, though he is hanging helplessly on the cross? *(Mary and John are approaching the cross)*

**FAUSTUS**

What does the woman want?

**JOHN**

Leave her be. She is his mother!

**MARY**

My eyes look at you with longing: What shall I say? And what can I tell you, since you yourself have done this? - Lord, my God, I am suffering agony! Be with me!

**JESUS**

Woman, look at your son! - Son, look at your mother!

**JOHN**

I shall honor her as my mother. You - my mother! And I - your son!

**JESUS**

I am thirsty.

*LONGINUS*

He suffers from thirst and calls for a drink.

*CATILINA*

He shall have it.

*FAUSTUS*

Here! Drink!

*JESUS*

Eloi! Eloi! Lama Sabachtani!

*ELIEZER*

Listen, he is calling on Elijah!

*NUN*

We want to see if Elijah comes to take him down from the tree of shame.

*CAIAPHAS*

He is not calling for Elijah. He is screaming for God who has abandoned him.

*JESUS*

It is accomplished. Father, into your hands I commend my spirit. *(Dies)*

*MAGDALENA*

Rabbuni! What supported me has been killed, my soul, it lives for you.

*LONGINUS*

This patience in the cruelest sufferings! This serenity! This scream to heaven in his death struggle - this was a just man! *(it begins to thunder)*

*SIMON OF CYR.*

What is that? The earth quakes! The sun grows dark!

*PEOPLE*

Woe to us!

*LONGINUS*

The Godhead speaks through those terrors of nature. - truly, this man was God's son!

*RABINTH*

Come - I won't stay any longer in this place of dread!

*SADOK*

God have mercy on us!

*RABINTH*

Lord, Almighty God! We have sinned! Have mercy on us!

*ZOROBABEL*

*(hurries on)* High Priest! A terrible thing has happened in the sanctuary -

*CAIAPHAS*

– not the temple! –

*ZOROBABEL*

– the curtain of the Holy of Holies has ripped apart in the middle!

**CAIAPHAS**

Go there and see what has happened. But I won't leave this place until I have seen the corpse of this man thrown into the pit of the criminals.

**NICODEMUS**

Caiaphas, he is dead. Will you never stop persecuting him?

**QUINTUS**

*(comes with Joseph of Arimathea)* The Governor has sent me to ask you whether Jesus of Nazareth has really already died, as this man reported to him.

**LONGINUS**

It is true. See for yourself -

**QUINTUS**

By the procurator's order the legs of the crucified shall be broken and then the corpses taken down. By the beginning of the Sabbath everything shall be over.

**LONGINUS**

This will happen immediately. Men, get up and break their legs!

**FAUSTUS**

Strike him that he dies!

**CATILINA**

This one won't wake up again!

**NERO**

The other one I will dispatch from this world - he has his reward!

**MARY**

Ah! Jesus! *(to the executioners)* Surely you won't treat his body so cruelly?

**MAGDALENA**

Spare him! Spare him

**LONGINUS**

Away! – *(Longinus thrusts a lance into his side)*

**MARY**

*(screams)*

**MAGDALENA**

Mary!

**LONGINUS**

Now take the corpses down from the cross!

**NERO**

Ladders!

**QUINTUS**

The corpse of the Galilean has been given to this man, Joseph of Arimathea, as a gift by the governor.

**WOMEN**

Consoling news!

CAIAPHAS

*(to Longinus)* However, I will not allow him to be buried anywhere except with the criminals.

LONGINUS

Since the corpse has been given to this man, it is self evident that he can bury him how and where he wishes.

*(to his men)* Men, our business is done here. We return!

*(they leave)*

ANNAS

You still persist in your obstinacy, Joseph? You are not ashamed to honor an executed criminal in the form of his corpse?

JOSEPH OF A.

He has done no wrong, and no deceitful word was in his mouth. I honor the man, the teacher sent by God, the innocent one who was murdered.

ARCHELAUS

You are struck with blindness.

CAIAPHAS

Since the body is in the hands of his friends, we must be vigilant. This deceiver said, when he was still alive, "After three days I will rise again." – How easy the people could be deceived!?

NATHANIEL

They could steal the body secretly and then spread the story that he has risen.

CAIAPHAS

Then everything would start all over again. Let us go to Pilate at once and request soldiers from him to guard the tomb until the third day!

LONGINUS

*(to his men)* Men, our business is done here. We return!

*(they leave)*

JOHN

Are they finally gone?

MAGDALENA

Take comfort, Mary! See, now we are alone with our friends. The mocking and blaspheming has stopped. Silence surrounds us.

MARY

Look at him, look at him! Wail! Wail! Scream for my child!

MAGDALENA

Mary, remember the words he said to you when he departed from Bethany, "You will weep and lament. You will be sad, but your sadness will be transformed into joy, and no one will be able to take away your joy." Now he has completed his path – his agony and suffering have come to an end. He has gone to his father.

MARY

Bring me my son!

NICODEMUS

Oh this man filled with spirit and truth. How has he deserved such a fate?

MARY

Once in Bethlehem – now on Golgotha! My son, how your body is covered with blood and wounds! How the fury of your enemies has mangled your flesh! Lord, my God! You allowed his enemies to defeat him, and increased the power of his adversaries. The drove nails through his hands and feet! Pierced the heart with a spear! Lord! See whom you have so destroyed! – I scream, but help for me is far away. My God, I call out to you, but you do not answer. Our fathers hoped for you. They cried out to you, and were saved, they trusted you and were not destroyed. Be not distant from me. My strength, hurry to help me! Rescue my soul. –

JOHN

See, Mother, peace rests on his face!

MARY

Peace is also returning to my heart. See, humanity, the light came into the world, but you loved darkness more than the light. God sent him to you, to liberate the world through him. For God so loved the world that he gave his Son! So that everyone who believes in him might never perish!

CHORUS

*All of you, who pass this way,*
*stand still, pay attention, and see!*
*Where can one find the kind of love,*
*That can compare to this?*

# The Encounter with the Risen One

*MAGDALENA*

How happy I am to be able to pay the last respects to my beloved Rabbi!

*SALOME*

But who will roll the stone away for us that closes off the tomb?

*ANGEL*

What do you want here, so early in the day?

*MAGDALENA*

We are looking for the crucified one to anoint him.

*ANGEL*

Why are you searching for the living among the dead?
He is not here, he has risen from the dead! He will go on ahead of you, as he told you.

*KLEOPHA*

Mary, The tomb is empty.

*SALOME*

Here are still the burial clothes in which the corpse was wrapped. It is no longer in the tomb!

*KLEOPHA*

Let's get away from here!

*SALOME*

Let us hurry into the city and report what has happened here!

*KLEOPHA*

Mary, come with us!

*MAGDALENA*

Leave me be! *(Salome and Kleopha exit)*

*MAGDALENA*

Now my last consolation has been taken from me. Rabbuni!

*ANGEL*

Woman, why are you weeping?

*MAGDALENA*

They have taken away my Lord - and I don't know where they have laid him to rest.

*ANGEL*

Mary, go to your brothers and tell them: he has not yet ascended to his Father. But he will ascend to his Father and your Father, to his God and your God. Believe in the light in order that you become children of the light!

*MAGDALENA*

I know that my savior lives. I want to announce your
resurrection to my brothers, glorify you in the midst of
your community! Awake, awake, Zion, clothe yourself in
your garments of splendor, Jerusalem, you holy city!
Yes, you people on Mount Zion, you, who live in
Jerusalem, awake! You eyes will see the King in his
beauty! Your ears will hear him! He was despised,
rejected by the people, a man filled with sorrows.
But God has liberated him from the labor pangs of death
and resurrected him – I know that my savior lives!

He is with us all the days until the end of the world!
Therefore my heart is glad and my tongue rejoices! Oh,
could I proclaim it throughout all the worlds, so that the
mountains and cliffs and heaven and earth should
re-echo with the words:

Hallelujah! He is risen!

*CHORUS*

*Hallelujah! Overcome, overcome*
*the Lord has the power of doom!*
*Death has not kept him bound*
*in the dark night of the tomb!*
*Sing to his glory the holy psalms!*
*Spread before him the victory palms!*
*Arisen has the Lord!*
*Praise him joyfully, heavens!*
*Sing to the victor, earth!*
*Hallelujah to you,*
*who has risen from death to birth!*

*Praise to you, who vanquished death,*
*you, who died at Golgotha!*
*Praise to you, who saves all sinners,*
*you, who won at Golgotha!*
*Praise to you, who on the altar of the cross*
*offered your life for us!*
*You have purchased us for yourself,*
*for you alone we live and die!*

*Hallelujah!*
*Praise, honor, adoration, power, and majesty*
*be yours forever and ever!*

## oberammergauer passionsspiel 2010

| | |
|---|---|
| *Production and Direction* | Christian Stückl |
| *Set and costumes* | Stefan Hageneier |
| *Dramaturg, 2nd Director* | Otto Huber |
| *Music Director, Conductor* | Markus Zwink |
| *Conductor* | Michael Bocklet |
| *Lighting Design and Technical Direction* | Martin Feichtner |

# The Cast

| | |
|---|---|
| *Prologue* | Otto Huber |
| | Dominikus Zwink |

## Jesus, the apostles and his family

| | |
|---|---|
| *Jesus* | Frederik Mayet |
| | Andreas Richter |
| *Judas* | Carsten Lück |
| | Martin Norz |
| *Peter* | Jonas Konsek |
| | Maximilian Stöger |
| *John* | Benedikt Geisenhof |
| | Martin Schuster |
| *Thomas* | Georg Fellner |
| *Andreas* | Simon Bartl |
| *James* | Christian Mayr |
| *Simon* | Thomas Neu |
| *Phillip* | Korbinian Freier |
| *Thaddeus* | Ferdinand Schuster |
| *Matthew* | Axel Schilcher |
| *James Alphaeus* | Pirmin Fischer |
| *Bartholomew* | Michael von Mücke |
| | |
| *Mary* | Ursula Burkhart |
| | Andrea Hecht |
| *Magdalena* | Barbara Dobner |
| | Eva Reiser |
| | |
| *Simon of Bethany* | Karl Führler |
| | Anton Zwink |
| *Maria Kleopha* | Ursula Huber |
| *Maria Salome* | Kathrin Mangold |
| *Martha* | Helga Stuckenberger |

| | |
|---|---|
| *Lazarus* | Fabian Kernstein |
| *Simon, brother of Jesus* | Anton Hörbiger |
| *Joseph, brother of Jesus* | Leonhard Huber |
| *James, brother of Jesus* | Maximilian Pongratz |
| | |
| *Angel* | Sebastian Dörfler |
| | Maximilian Laubert |

## High Council

| | |
|---|---|
| *Caiaphas* | Anton Burkhart |
| | Anton Preisinger |
| *Annas* | Raimund Bierling |
| | Peter Stückl |
| *Nathaniel* | Michael Adam |
| | Simon Fischer |
| *Archelaus* | Tobias Eich |
| | Matthias Müller |
| *Josef of Arimathea* | Walter Fischer |
| | Walter Rutz |
| *Nicodemus* | Christoph Maier |
| | Hubert Schmid |
| *Gamaliel* | Johannes Müller |
| | Stephan Reindl |
| *Ezekiel* | Martin Güntner |
| | Tobias Jablonka |
| *Josaphat* | Benedikt Fischer |
| *Amiel* | Zeno Bierling |
| *Ptolemy* | Karl Daisenberger |
| *Sadok* | Gregor Drohmnann |
| *Rabinth* | Karl Eitzenberger |
| *Dariabas* | Helmut Fischer |
| *Josue* | Hans Führler |
| *Saras* | Karl Härtle |
| *Nathan* | Eugen Huber |
| *Erez* | Robert Lang |
| *Aman* | Gottfried Maderspacher |
| *Gerson* | Johann Mayr |
| *Ephraim* | Rudolf Neu |
| *Ishmael* | Korbinian Reiser |
| *Kemuel* | Erich Schmid |
| *Mererie* | Arnulf Schuster |
| *Aser* | Rolf Zigon |

*Court of the High Priest*
Ernst Bierling, Dieter Dashuber, Johann Feldmeier,
Ludwig Greinwald, Max Hässler, Wilhelm Hässler,
Paul Köpf, Walter Lang, Johann Lehneis,

Siegfried Lehneis, Hans Schmid, Reinhart Schorn,
Erich Wiezorreck, Johann Wolf, Rudi Wolf,
Theodor Zunterer, Konrad Mangold, Otto Mangold,
Walter Müller, Peter Pongratz, Sebastian Pongratz

| | |
|---|---|
| *Dathan, Lord Chamberlain of Caiaphas* | Alexander Raggl |
| *Esdras, servant of Annas* | Adrian Bierling |
| *Sidrach, servant of Annas* | Ernst Bierling |
| *Zorobabel, temple servant* | Simon Marschalek |

## Pilate, his wife and his servants and soldiers

| | |
|---|---|
| *Pilatus* | Christian Bierling |
| | Stefan Burkhart |
| *Claudia, Pilate's wife* | Sara Jablonka |
| *Longinus, captain* | Johann Feldmeier |
| | Ferdinand Meiler |
| *Quintus* | Sebastian Gerum |
| *Aurelius* | Thomas Müller |
| *Arelius* | Karl-Heinz Götz |
| *Pomponius* | Stefan Nutzinger |
| *Silvus* | Wolfgang Proksch |
| *Flavius* | Georg Schauer |
| *Claudius* | Theodor Schneller |
| *Mela* | Nicolai Steidle |
| *Caspius* | Florian Bartl |
| *Brutus* | Anton Schuster |
| *Sabinus* | Thomas Huppmann |
| *Pedius* | Stefan Pongratz |
| *Milo* | Korbinian Stückl |
| *Domitius* | Michael Güntner |
| *Gajus* | Markus Rollnik |
| *Titus* | Stefan Königsberger |
| *Nero, executioner* | Thomas Feldmann |
| *Catilina, executioner* | Joachim Lederer |
| *Faustus, executioner* | Alfred Richter |
| *Agrippa, executioner* | Michael Voß |

## Merchants and Templeguards

| | |
|---|---|
| *Albion* | Josef Feichtner |
| *Booz* | Johannes Flemisch |
| *Kosam* | Thomas Margraf |
| *Efod* | Thomas Steidle |
| *Esron* | Gerulf Waldhauser |
| *Gesmas* | Raimund Hörbiger |
| *Selpha, Hauptmann* | Konrad Gerold |
| *Ram* | Karl Braun |

| | |
|---|---|
| *Panther* | Julius Flemisch |
| *Arphaxad* | Ludwig Huber |
| *Obed* | Anton Lel |
| *Balbus* | Stefan Müller |
| *Malchus* | Simon Proksch |
| *Melchi* | Thomas Schneller |
| *Levi* | Christian Stoiber |
| | |
| *Agar* | Monika Lück |
| *Sara* | Verena Schwarz |
| *Judith* | Marina Kirchmayr |

## King Herod and his servants

| | |
|---|---|
| *Herod* | Raimund Fussy |
| | Markus Köpf |
| *Zebulon, Herod's servant* | Siegfried Biermeier |
| *Manasseh, Herod's servant* | Kurt Gallist |
| *Naasson, Herod's servant* | Nikolaus Krach |
| *Delaiah, Herod's servantr* | Michael Schmid |
| *Ehud, Herod's servantr* | Kasim Yilginc |

## Men and women of the people

| | |
|---|---|
| *Veronica* | Elisabeth Aurhammer |
| | Dominika Killer |
| *Weeping Woman* | Barbara Bierling |
| *Weeping Woman* | Christine Gerum |
| *Weeping Woman* | Veronika Köpf |
| *Weeping Woman* | Barbara Plehn |
| *Weeping Woman* | Barbara Pongratz |
| *Weeping Woman* | Christine Renner |
| *Weeping Woman* | Christina Rupprecht |
| | |
| *Simon of Cyrene* | Klement Fend |
| *Child of Simon of Cyrene* | Lukas Hecht |
| *Child of Simon of Cyrene* | Maximilian Kasseckert |
| *Child of Simon of Cyrene* | Andreas Sporer |
| *Gad, a witness before the Council* | Christian Gallist |
| *Eliezer, a witness before the Council* | Peter Held |
| *Eliab, a witness before the Council* | Lothar Reiser |
| *Nun, a witness before the Council* | Johann Stückl |
| *Adulteress* | Monika Hörbiger |
| *Barabbas* | Josef Feichtner |
| *Criminal to the right* | Johannes Flemisch |
| *Criminal to the left* | Raimund Hörbiger |
| *Passover Meal Servers* | Vitus Norz |
| | Christoph Stöger |

## Servants, soldiers, children and people of Jerusalem

# Chorus and Orchestra of the Passion Play 2010

| | |
|---|---|
| *Soprano Soloist* | Maria Buchwieser |
| | Katharina Osterhammer |
| | Gabriele Weinfurter |
| *Alto Soloist* | Caroline Fischer-Zwink |
| | Claudia Köpf |
| | Antonie Schauer |
| *Tenor Soloist* | Korbinian Heinzeller |
| | Paul Fellner |
| | Michael Pfaffenzeller |
| *Bass Soloist* | Heino Buchwieser |
| | Bernhard Spingler |
| | Josef Zwink |
| | |
| *Concertmaster* | Barbara Schenk |

## Collaborators

| | |
|---|---|
| *\*Regieasisstent Production Assistant* | Martin Schuster |
| *Stage Assistant* | Yvonne Kalles |
| *Costume Assistan /Production Manager* | Nana Kolbinger |
| *Music assistant* | Thomas Floßmann |
| *Assistant stage manager* | Gertraud Baab |
| | Blanda Härtle |
| *Prompter* | Erich Baab |
| *Head stitcher* | Ingrid Jäger |
| *Master carpenter* | Carsten Lück |
| *Master painter* | Karl Witti |
| *Milliner* | Heike Thamm |
| *Weapons design* | Martin Breidenbach |
| *Dyeing artisan* | Carola von Klier, |
| | Marika Danc Roth |
| *Master welder* | Peter Glass |

*Sculptor*

    Wolfgang van Elst, Armin Hecht, Christian Bierling,
Nadja Schotthöfer, Ludwig Huber, Tonette Eberspacher

*Set construction*

    Simon Bartl, Florian Bartl, Tobias Eich, Johannes Müller,
Michael Adam, Andreas Held, Paul Fellner,
Sarah Dreizehnter, Robert Fromm, Florian Pawlak,
Vincent Baab, Dominikus Zwink

*Costume crew*

    Christiane Gassler (Schneidermeisterin), Sabine Fabisch,
Edeltraud Porkert, Rosemarie Pongratz, Elena Hoeck,
Silvia Heinzeller, Angelika Deschler, Sabine Marzell,
Maria Besenbacher, Angela Ruepp, Jutta Vogel,
Maria Zwink, Patricia Schöndorf, Ines Kern,

Annelies Buchwieser, Heidi Reindl, Cäcilia Schwander,
Birgit Wagner, Anneliese A. - Schedler, Gabi Lindlbauer,
Elfriede Müller, Klara Pfeiffer, Annika Jakobi,
Anna Marzell, Katharine Brötzner, Anne Schmidt

*Scene painting*

Annette Standl, Christian Huber, Alexander Rykov,
Wolfgang Dallmann, Maximilian Schmidbauer,
Werner Schmidbauer

*Specialty artists*

Yvonne Kalles, Sarah Jablonka, Andrea Hecht,
Michaela Gräper, Monika Maier

| | |
|---|---|
| *Decoration Master* | Peter Maderspacher |
| *Master electrician* | Matthias Feldmeier, Andreas Rutz, Benjamin Mayr |
| *Master stage decor* | Anton Hochenleitner, Christoph Zwink |
| *Costume intern* | Veronika Hecht |
| *Voice and diction coach* | Andreas Sippel |
| *Vocal coach* | Thomas Dobmeier, Gabriele Weinfurter |
| *Tone* | Fa. Neumann & Müller Michael Kennedy, Ecki Nordenskjöld, Peter Riegel, Marc Schauberger |
| *Music transcription* | Rudi Wadlinger |
| *Press and public relations* | Frederik Mayet (leader), Weronika Demuschewski |
| *Graphic arts* | Otto Dzemla |
| *House manager and guest relations* | Birgit Reiser, Carla Speer |
| *Production Management of the Passion Play* | Ignaz Schön |
| *Plant management* | Alfons Gerl |
| *Company management* | Hans Gerum, Christian Ostler |
| *Controlling* | Robert Rieger |

# Performances

## Opening Performance 15 May 2010

| MAY | JUNE | JULY | AUG | SEPT | OCT |
|---|---|---|---|---|---|
|  |  |  | Su 01. |  |  |
|  | Tu 01. |  | Tu 03. |  |  |
|  | Th 03. | Th 01. | Th 05. | Th 02. |  |
|  | Fr 04. | Fr 02. | Fr 06. | Fr 03. | Fr 01. |
|  | Sa 05. | Sa 03. | Sa 07. | Sa 04. | Sa 02. |
|  | Su 06. | Su 04. | Su 08. | Su 05. | Su 03. |
|  | Tu 08. | Tu 06. | Tu 10. | Tu 07. |  |
|  | Th 10. | Th 08. | Th 12. | Th 09. |  |
|  | Fr 11. | Fr 09. | Fr 13. | Fr 10. |  |
| Sa 15. | Sa 12. | Sa 10. | Sa 14. | Sa 11. |  |
| Su 16. | Su 13. | Su 11. | Su 15. | Su 12. |  |
| Tu 18. | Tu 15. | Tu 13. | Tu 17. | Tu 14. |  |
| Th 20. | Th 17. | Th 15. | Th 19. | Th 16. |  |
| Fr 21. | Fr 18. | Fr 16. | Fr 20. | Fr 17. |  |
| Sa 22. | Sa 19. | Sa 17. | Sa 21. | Sa 18. |  |
| Su 23. | Su 20. | Su 18. | Su 22. | Su 19. |  |
| Tu 25. | Tu 22. | Tu 20. | Tu 24. | Tu 21. |  |
| Th 27. | Th 24. | Th 22. | Th 26. | Th 23. |  |
| Fr 28. | Fr 25. | Fr 23. | Fr 27. | Fr 24. |  |
| Sa 29. | Sa 26. | Sa 24. | Sa 28. | Sa 25. |  |
| Su 30. | Su 27. | Su 25. | Su 29. | Su 26. |  |
|  | Tu 29. | Tu 27. | Tu 31. | Tu 28. |  |
|  |  | Th 29. |  | Th 30. |  |
|  |  | Fr 30. |  |  |  |
|  |  | Sa 31. |  |  |  |

Performance starts:   14:30 (Part 1)
                       20:00 (Part 2)
Intermission:        ca. 17:15 – 20:00.
The performance ends at approximately 22:30.

# Ticket Categories

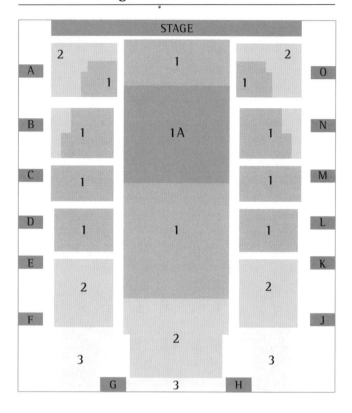

FOR MORE INFORMATION PLEASE CONTACT:
GESCHÄFTSSTELLE DER PASSIONSSPIELE 2010
Oberammergau und DER Reisebüro oHG
Eugen-Papst-Straße 9 a
82487 Oberammergau
Germany
info@passionsspiele2010.de · www.passionsspiele2010.de
Phone: + 49 0 88 22 92 31-0
or fax: + 49 0 88 22 92 31-52

# |  |  |  |
# CULTURE IN OBERAMMERGAU

## OBERAMMERGAU MUSEUM

FAMOUS NATIVITY SCENES
HISTORICAL WOODEN ART
MODERN SCULPTURES

## OBERAMMERGAU
## PILATUSHAUS

THE COLLECTION OF PAINTINGS BEHIND GLASS
THAT INSPIRED THE "BLUE HORSEMAN
PAINTERS"
THE LIVING WORKSTUDIO
HERE YOU CAN ASK QUESTIONS AND WATCH
THE CARVERS WORK

## OBERAMMERGAU
## PASSION PLAY THEATRE

A VILLAGE PLAYS THE REDEMPTION
IN 2010 THERE WILL BE AN EXIBITION ABOUT
THE HISTORY OF THE PASSION PLAY IN THE
FOYER AND THE OBERAMMERGAU MUSEUM

Information: www.oberammergau.de
or www.oberammergaumuseum.de

**Ammergauer Alpen**

Find your souvenirs of
the Passion Play 2010 in
our onlineshop

www.ammergauer-alpen.de/shop

High quality textiles

Stunning photographs
and interesting back-
ground stories from
Passion Play 2010 –
the official illustrated
book about Passion
Play 2010!

PASSIONSSPIELE
2010
OBERAMMERGAU

# Ammergau Alps – a destination to be discovered

## Cultural Life

The Ammergau Alps fascinate with impressive cultural monuments such as Ettal Abbey, Linderhof Palace, Neuschwanstein and the colourful murals on the Oberammergau building façades.

And the unique Passion Plays, which provided much-needed succour during the desperate times of the Thirty Years' War, are the most outstanding examples of the cultural heritage of the region. A heritage that exists as much today as it has always done.

Whether at a hearty folkloric evening, a colourful Corpus Christi procession or the annual Leonhard ride, you will encounter locals who live out their customs and traditions with pride and reverence. Our Bavarian lifestyle will thrill you and warmly invite you to take part.

## Ammergau Alps Meditation Trail

Combining hiking and meditation is the intension of the Ammergau Alps Meditation Trail. This simple hike allows you to get active exercise while following spiritual impulses.

In the rhythm of walking through the Ammer Valley, past famous cultural monuments such as the UNESCO World Heritage Site Wieskirche or Linderhof Palace, you will discover not only the beauties of the Ammergau Alps, but above all your inner balance.

Lovingly created pillars at the 15 places of strength repeatedly inspire you to let your spirit soar. Time becomes timeless here. Nature determines the moment and lets you partake in its beauty and its permanence in change. You switch off everyday life and your own being returns to the fore.

More information of the Ammergau Alps Meditation Trail and its places under
www.brennendes-herz.com

Meditationwalk mobile: Learn more about the walk before you start and while you are on your way with the iPhone App. Download the App to your iPhone: www.meditationwalk.net/AmmergauAlps

## Activities

Hiking, cycling, holiday enjoyment.... The Ammergau Alps offer everything. Doesn't matter whether you start for a leisurely walking-tour through Graswang Valley to Linderhof Palace or for a mountain climbing tour to the peaks – there is always the right way fitting for your interests.

Just start hiking and discover the region. Don't worry about the equipment – in the "Best of Wandern"-Center in Bad Kohlgrub you can borrow hiking equipment from VAUDE or LOWA or glasses from ZEISS one day for free.

Mountain bikers, racing bikers and leisure bikers can feel equally at home here, a wide range of worthwhile tour destinations is offered: natural spectacles such as waterfalls, the Scheibum Canyon and moor lakes as well as sites of cultural monuments such as the Abbey of Ettal and the Oberammergau Passion Play Theatre.

Exquisite regional specialities at our local restaurants invite you to stay. Relax, enjoy and simply slow down – that's what holiday is all about.

## Health and Well-Being

The harmony of body, soul and spirit is the basis for a healthy life. That's also the philosophy of health and well being in the Ammergau Alps: Sport in unspoilt nature without high-performance ambitions, healthy energy food hand-made by experts and pamper packages that are tailored to your individual needs.

Ranging from mudpack treatments with healing alpine mountain pine peat from Bad Bayersoien and Bad Kohlgrub to total body massages, from light therapy to aroma baths, from beauty treatments to energising water. Draw renewed vitality from the diverse holistic treatments.

Our objective is not only to encourage your bodily health, but also to cleanse your spirit and soul. Trained therapists guide and coach you on your path to inner balance. Holistic health – in the Ammergau Alps you will find your way to your very own source of strength.

# Distribution of certified local products

In the Ammergau Alps, Bavaria's largest nature reserve, the landscape is still unspoiled and the people have lived in harmony with the impressive mountains for centuries. Nature expresses its thanks by providing the best ingredients for healthy nutrition.

In order to allow as many guests and health-conscious people as possible to enjoy these tasty and aromatic products, regional marketing of local food as well as handicraft was called into being.

With exemplary initiatives such as the „Ammergau Alps Breakfast" and „TOTAL LOCAL" gastronomic offerings, regional marketing plays a considerable role in supporting local agriculture and traditional handicraft. This represents a return to the origins of food production: deliberate and sustainable economising with the gifts of our unique landscape. Quite simply: „Top quality from Upper Bavaria – recommended by Ammergauer Alpen GmbH".

---

Ammergauer Alpen GmbH
Eugen-Papst-Straße 9a
82487 Oberammergau
Tel. +49 (0) 8822 / 922 740
www.ammergauer-alpen.de

## Wellness and health holiday in Bavaria

The whole
land is pure spirit.

Its source is black and
deeply healthy.

Reload health and
discover a holiday
of your dreams.

**Mountain pine peat**
natural treasure for my wellbeing

www.ammergauer-alpen.de

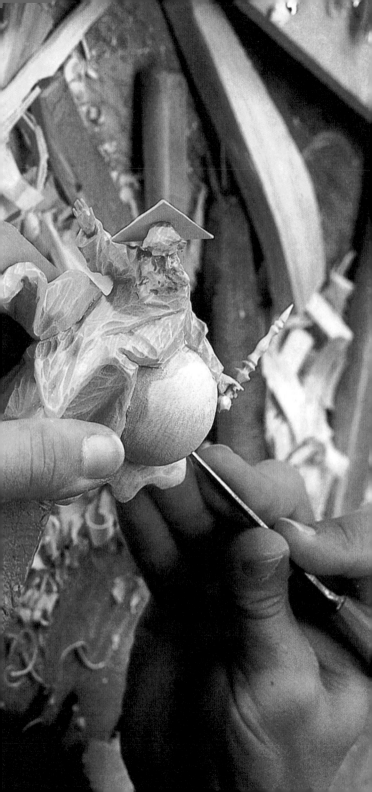

# Woodcarving –
## Wood that speaks –
## Tradition that lives

Wood carving is inseparable from
Oberammergau, going back centuries.
This tradition is continued by a number of
Oberammergau artisans. They sign their
works with a special stamp:

ST.-LUKAS-VEREIN
Handgeschnitzt
(ST. LUKE ASSOCIATION handcarved)

With skillful hands they conjure up an
entire universe, ranging from copies of old
masters to modern sculptures, from toys
such as puppets to religious works, such
as Christmas Nativity sets.

# passionstheater
## oberammergau

## concerts and events

Furthermore top-class concerts and theatre performances take place at the theatre.

Please find further information on:

www.passionstheater.de

# Eine Region der Leidenschaft
## für Kultur, Gesundheit und Genuss.

*A region of passion
for culture, well-being and pleasure.*

www.ammergauer-alpen.de

Ammergauer Alpen

| Order form | Price | Number |
|---|---|---|
| Libretto | 5,00 € | |
| CD Passion Play music | 14,95 € | |
| DVD Making of Passion Play | 19,95 € | |
| Pictorial Passion Play 2010 | 19,95 € | |
| Pictorial Oberammergau – Tradition, Art and Passion | 9,95 € | |

Shipping costs: parcel up to 5 kg 19 €, parcel up to 5 kg via airmail 22 €

## More: www.ammergauer-alpen.de/shop

..............................................
Credit card (Visa, Mastercard)

..............................................
Credit card number

..............................................
Valid to

..............................................
Date, Signature

☐ **Yes,** please send me your up-to-date information about Oberammergau and the Ammergau Alps.

I am interested in:

☐ Art, culture and events ☐ Well-being and health
☐ Hiking ☐ Cycling
☐ Family vacation ☐ Winter activities
☐ Group travel ☐ Seminar & conferences
☐ Regional specialities

..............................................
Name

..............................................
Steet

..............................................
Postcode, City

..............................................
Telephone / E-Mail

☐ Yes, I'd like to be informed about offers of Ammergau Alps in the future. I agree to participate in the lottery. Period: 5th May to 31st December 2010. More information please see www.oberammergau.de/ lottery. Any recourse to courts of law is excluded.

Ammergauer Alpen GmbH
Eugen-Papst-Straße 9a
82487 Oberammergau

Germany

## Hiermit bestelle ich:

| | Einzelpreis | Anzahl |
|---|---|---|
| Textbuch Passionsspiele 2010 | 5,00 € | |
| CD Passionsmusik | 14,95 € | |
| DVD Making Of Passion | 19,95 € | |
| Biblische Personen – Biografien | 17,90 € | |
| Bildband Passionsspiele 2010 | 19,95 € | |
| Buch Oberammergau – Tradition, Kunst und Passion | 9,95 € | |

Kauf innerhalb Deutschlands auf Rechnung, zzgl. Versand- und Verpackungskosten (Maxibrief 4,20 €; Päckchen bis 2 kg 6,10 €; Paket bis 5 kg 8,90€).

## Besuchen Sie unseren Onlineshop
www.ammergauer-alpen.de/onlineshop

..................
Datum, Unterschrift

---

☐ **Ja,** senden Sie mir bitte aktuelle Informationen über Oberammergau und die Ammergauer Alpen zu.
Mich interessiert besonders:

☐ Kunst, Kultur und Veranstaltungen
☐ Wellness und Gesundheit
☐ Wandern
☐ Radeln
☐ Familienurlaub
☐ Winteraktivitäten
☐ Gruppenreise
☐ Seminar & Tagung
☐ Regionale Spezialitäten

Vorname, Name

Straße

PLZ / Ort

Telefon / E-Mail

☐ Ja, ich möchte weiterhin über Angebote der Ammergauer Alpen GmbH informiert werden. Ich will auch an dem Gewinnspiel teilnehmen. Zeitraum: 15.5. – 31.12.2010. Näheres unter www.oberammergau.de/gewinnspiel. Der Rechtsweg ist ausgeschlossen.

---

Ammergauer Alpen GmbH
Eugen-Papst-Straße 9a
82487 Oberammergau

Deutschland

Bitte
freimachen
falls Marke
zur Hand

**Ammergauer Alpen**

Eine Region der Leidenschaft
für Kultur, Gesundheit und Genuss.

*A region of passion*
*for culture, well-being and pleasure.*

www.ammergauer-alpen.de

# passionstheater
## oberammergau

## Konzerte und Veranstaltungen

Hochkarätige Konzert- und Theaterveranstaltungen werden
auch weiterhin im Passionstheater stattfinden.

Aktuelle Informationen zum Veranstaltungsprogramm 2011
finden Sie unter

www.passionstheater.de

# Schnitzkunst –
# Tradition trifft Zeitgeist

Die Holzschnitzerei ist untrennbar mit
Oberammergau verbunden.
Die jahrhundertealte Tradition des
Schnitzhandwerks wird von
zahlreichen Oberammergauer Schnitzern
fortgeführt. Sie signieren ihre Arbeiten mit
einem speziellen Stempel:

ST.-LUKAS-VEREIN
Handgeschnitzt

Sie zaubern mit geschickten Händen ein
ganzes Universum: von Kopien alter Meister
bis zu modernen Skulpturen, von Spielzeug
wie Hampelmännern bis zu religiösen
Werken wie z.B. Weihnachtskrippen.

Ammergauer Alpen

# Wellness- und Gesundheitsurlaub in Bayern

Das ganze Land
ist die reine Kraft.

Seine Quelle ist schwarz
und urgesund.

Sie tanken Gesundheit
und erleben Urlaub,
wie er wirklich sein soll.

**BergkiefernHochmoor**
Naturschatz für mein Wohlbefinden

**Ammergauer Alpen**

www.ammergauer-alpen.de

## Regionalvermarktung

In den Ammergauer Alpen, Bayerns größtem Naturschutzgebiet, ist die Landschaft noch ursprünglich und die Menschen leben seit Jahrhunderten im Einklang mit der eindrucksvollen Bergwelt. Die Natur dankt dies mit den besten Zutaten für gesunde Nahrungsmittel.

Um diese wohlschmeckenden und aromatischen Produkte möglichst vielen Gästen und gesundheitsbewussten Menschen zu gute kommen zu lassen, wurde die Regionalvermarktung der Ammergauer Alpen ins Leben gerufen.

Mit vorbildhaften Initiativen wie dem „Ammergauer Alpen Frühstück" und dem „TOTAL LOKAL"-Angebot der Gastronomie tragen die Regionalvermarkter entscheidend dazu bei, die heimische Landwirtschaft zu erhalten. Sie kehren damit zum Ursprung der Lebensmittelherstellung zurück: dem umsichtigen und nachhaltigen Wirtschaften mit den Gaben unserer einmaligen Naturlandschaft. Ganz einfach: „Spitzenqualität aus Oberbayern – von der Ammergauer Alpen GmbH empfohlen".

---

**Ammergauer Alpen GmbH**
**Eugen-Papst-Straße 9a**
**82487 Oberammergau**
**Tel. +49 (0) 8822 / 922 740**
**www.ammergauer-alpen.de**

## Gesundheit und Wellness

Der Gleichklang von Körper, Seele und Geist ist die Grundlage für ein gesundes Leben. Das ist auch die Philosophie von Gesundheit und Wellness in den Ammergauer Alpen: Sport in urwüchsiger Natur ohne hochleistungssportliche Ambitionen, gesunde Vitalkost von berufener Hand zubereitet und Verwöhnpakete, die ganz auf Ihre individuellen Bedürfnisse abgestimmt sind.

Von Mooranwendungen mit dem heilenden alpinen BergkiefernHochmoor aus Bad Bayersoien und Bad Kohlgrub bis zu Ganzkörpermassagen, von Lichttherapie bis zu Aromabädern, von der Beautybehandlung bis zum vitalisierten Wasser. Schöpfen Sie neue Lebenskraft durch die Vielfalt ganzheitlicher Behandlungen.

Unser Ziel ist es, nicht nur Ihre körperliche Gesundheit zu fördern, sondern auch Geist und Seele zu reinigen. Geschulte Therapeuten begleiten und coachen Sie auf Ihrem Weg zu innerer Balance. Ganzheitliche Gesundheit – in den Ammergauer Alpen finden Sie zurück zu Ihren ureigenen Kraftquellen.

## Aktivurlaub

Wandern, Radfahren, Ferienspaß ... Die Ammergauer Alpen bieten für jeden etwas. Egal, ob Sie eine gemütliche Wandertour durch das Graswangtal zum Schloss Linderhof unternehmen oder die Gipfel der Ammergauer Alpen erklimmen – wir haben die passende Tour für Sie.

Wandern Sie los und entdecken die Umgebung nach Ihren eigenen Vorstellungen. Für Ausrüstung ist gesorgt – im „Best of Wandern"-Center in Bad Kohlgrub erhalten Sie einen Tag lang kostenlos Wanderequipment von VAUDE und LOWA oder Ferngläser von ZEISS.

Gut aufgehoben sind auch die Mountainbiker, Rennradfahrer und Genussradler, lohnende Ziele finden sich zuhauf: Naturschauspiele wie die Schleierfälle, die Scheibum und unsere Moorseen oder Kulturdenkmäler wie Kloster Ettal und das Oberammergauer Passionstheater.

Urige und gemütliche Gaststätten laden zum Verweilen ein. Entspannen, relaxen, genießen, „entschleunigen" – eben Urlaub von seiner schönsten Seite in den Ammergauer Alpen!

## Meditationsweg Ammergauer Alpen

Wandern und Meditieren mitei-
nander zu verbinden, das ist Ziel
des Meditationswegs Ammergauer
Alpen. Diese einfache Wanderung
ermöglicht es Ihnen, sich aktiv zu
bewegen und dabei spirituellen Im-
pulsen zu folgen.

Im Gleichmaß des Gehens durch das
Ammertal, vorbei an berühmten
Kulturgütern wie dem UNESCO Welt-
kulturerbe Wieskirche oder Schloss
Linderhof, entdecken Sie nicht nur
die Schönheiten der Ammergauer
Alpen sondern erfahren in erster
Linie sich selbst.

Liebevoll gestaltete Stelen an den 15 Kraftorten Ihres
Weges regen Sie immer wieder an, Ihren Geist auf
Reisen zu schicken. Hier wird Zeit zeitlos. Natur bestimmt den Augenblick, lässt Sie an ihrer Schönheit
und Beständigkeit im Wandel teilhaben. Sie schalten ab
vom Alltag und Ihr eigenes Sein rückt wieder in den
Vordergrund.

Weitere Informationen zum Meditationsweg
Ammergauer Alpen und seinen Stationen
finden Sie unter www.brennendes-herz.de

Meditationsweg mobil: Informieren Sie sich bevor Sie sich auf den Weg
machen und während Sie unterwegs sind mit der iPhone App. Laden Sie
die App auf Ihr iPhone: www.meditationsweg.de/AmmergauerAlpen

# Ammergauer Alpen – eine Region stellt sich vor

### Kultur und Brauchtum

Die Ammergauer Alpen faszinieren mit beeindruckenden Kulturdenkmälern wie Kloster Ettal, Schloss Linderhof, Schloss Neuschwanstein und farbenfrohen Lüftlmalereien an den Häuserfassaden in Oberammergau.

Nicht zuletzt das weltweit einzigartige, im Dreißigjährigen Krieg in Zeiten höchster Not gelobte Passionsspiel ist herausragendes Zeugnis des kulturellen Erbes der Region. Ein Erbe, das gestern wie heute Bestand hat.

Bei einem zünftigen Heimatabend, einer farbenprächtigen Fronleichnamsprozession oder dem alljährlichen Leonhardiritt begegnen Sie Einheimischen, die mit Stolz und Ehrfurcht ihr Brauchtum und ihre Traditionen leben. Unsere bayerische Lebensart wird Sie begeistern und lädt Sie herzlich ein, daran teilzuhaben.

**Ammergauer Alpen**

Ihre Erinnerungsstücke an die
Passionsspiele 2010 finden Sie
in unserem Online-Shop

www.ammergauer-alpen.de/onlineshop

Hochwertige Textilien

Der offizielle
Bildband zu den
Passionsspielen
2010!

# **I I I I**
# **KULTUR** IN OBERAMMERGAU

## OBERAMMERGAU**MUSEUM**

**BERÜHMTE KRIPPEN**
**HISTORISCHE SCHNITZKUNST**
**MODERNE SKULPTUREN**

## OBERAMMERGAU
## **PILATUSHAUS**

**DIE HINTERGLASBILDERSAMMLUNG,**
**DIE SCHON DIE KÜNSTLER DES BLAUEN REITERS**
**INSPIRIERT HAT**
**DIE LEBENDE WERKSTATT**
**HIER KÖNNEN SIE KUNSTHANDWERKERN BEI**
**DER ARBEIT ZUSEHEN**

## OBERAMMERGAU
## **PASSIONSTHEATER**

**EIN DORF SPIELT DIE ERLÖSUNG**
**2010 FINDET IM FOYER UND IM OBERAMMER-**
**GAUMUSEUM EINE AUSSTELLUNG ÜBER DIE**
**GESCHICHTE DER PASSION STATT**

Informationen unter www.oberammergau.de
oder www.oberammergaumuseum.de

passionsspiele
oberammergau
2010

**FSC**
**Mix**
Produktgruppe aus vorbildlich
bewirtschafteten Wäldern,
kontrollierten Herkünften und
Recyclingholz oder -fasern

Zert.-Nr. GFA-COC-001511
www.fsc.org
© 1996 Forest Stewardship Council

Graphische Gestaltung: Otto Dzemla, München

Graphische Gestaltung der Werbeeinheftung:

Siegfried Karpf, Oberammergau

Satz: Hans Reicherl | Marc Schauberger, Oberammergau

Druck: Druckerei Fritz Kriechbaumer, Taufkirchen

Herausgeber: Gemeinde Oberammergau im Eigenverlag

ISBN 978-3-93 0000-11-1

# oberammergauer passionsspiel 2010

Unter Verwendung der Oberammergauer Spieltexte
von Othmar Weis O.S.B. (1769–1843) und Geistlichen Rat
Joseph Alois Daisenberger (1799–1883).
Für die Spiele 2010 bearbeitet und erweitert
durch Christian Stückl und Otto Huber.

Die Oberammergauer Passionsmusik,
1811–20 komponiert von Rochus Dedler (1779–1822),
1950 bearbeitet von Prof. Eugen Papst (1886–1956),
wurde für 2010 neu revidiert und erweitert
durch Markus Zwink

# vorwort

## Ein Spiel besonderer Art

Das Oberammergauer Passionsspiel geht zurück auf ein Gelübde des Jahres 1633. Damals wütete in der ganzen Gegend und auch in Oberammergau die Pest. Viele Menschen starben. Da versprachen die Bürgerinnen und Bürger des Ortes, alle zehn Jahre das Spiel vom „Leiden, Sterben und Auferstehen unseres Herrn Jesus Christus" aufzuführen. Von diesem Tag an ist niemand mehr an der Pest gestorben.

So spielen die Oberammergauer seither alle zehn Jahre die Passion Jesu. Zunächst wurde es über zweihundert Jahre auf dem Friedhof bei der Kirche aufgeführt, doch als im 19. Jahrhundert immer mehr Menschen aus aller Welt kamen, war die Dorfgemeinde gezwungen, das Spiel an den Platz zu verlegen, an dem heute das große Passionstheater steht.

Die Gründe für den gewaltigen Zustrom der Zuschauer sind vielfältig, einer dürfte durch den besonderen Charakter dieses Spiels bestimmt sein. Es ist ein Mysterienspiel, das in dramatischer und zugleich meditativer Form die Passion Jesu zeigt. Zwischen den Szenen weisen Bilder mit lebenden Personen auf alttestamentliche Ereignisse hin, die der theologischen Deutung dienen und meditative Ruhepunkte darstellen. Zugleich gibt die anrührende Musik dem Ganzen den Charakter eines Oratoriums, in welchem durch Chor, Orchester und Solisten das Geschehen den Hörenden nahe gebracht wird. Die Musik stammt von Rochus Dedler (1779-1822) und wurde für neu inszenierte Teile ergänzt durch Neukompositionen von Markus Zwink, der auch die musikalische Gesamtleitung hat. Den Text des Spiels hat im Grundstock Pfarrer Joseph Daisenberger (1799-1883) geschrieben. Schon für die letzten beiden Aufführungen wurden jeweils Passagen verändert und auch die aktuelle Inszenierung kennt neue Textteile, die im Wesentlichen Christian Stückl (Spielleiter) und Otto Huber (Dramaturg) gestaltet haben. Sie haben sich dabei beraten lassen neben mitbeteiligten Oberammergauern auch von Vertretern jüdischer Organisationen. Es ist den Oberammergauern wichtig, dass das Spiel religiöse und kulturelle Besonderheiten des Jüdischen angemessen darstellt, damit sich nicht – was in der Geschichte ja tragischerweise geschehen ist – irgendwelche antisemitischen Tendenzen damit verknüpfen lassen.

Die Neuinszenierung will die Dramatik des Geschehens in zeitgenössischer Weise aktualisieren. Die Gründe dafür sind vielfältig. Das Publikum ist heute ein anderes als vor zwanzig und auch vor zehn Jahren. Viele kennen die damals noch selbstverständlich bekannten theologischen Details nicht mehr. Die Fragestellungen haben sich verschoben. Da das Passionsspiel die Botschaft von Leiden, Tod und Auferstehung Jesu Christi den Menschen als erbauendes und bestärkendes Ereignis vermitteln will, muss es die Freuden und Hoffnungen der heutigen Menschen gleichermaßen aufgreifen wie deren Trauer und Angst. So kommen in der Darstellung von Leid und Tod Christi in dramatischer Weise die Fragen nach Sinn und Zukunft des menschlichen Daseins in den Blick.

Die Neuinszenierung will wichtige Elemente der Botschaft Jesu für heutige Zuschauer verdeutlichen. So beginnt z.B. Jesus nach seinem Einzug in die Stadt und in den Tempel nicht sofort, die Händler und Geldwechsler aus dem Tempel zu vertreiben. Vielmehr werden durch Zitate aus den Reden Jesu, besonders der Bergpredigt, die Grundlinien und Besonderheiten seiner religiösen Botschaft skizziert. Erst dann reinigt er das Heiligtum vom Kommerz und den weltlichen Geschäften.

Besonders soll auch die historische Situation spürbar werden. Das jüdische Volk war damals durch die römische Besatzungsmacht politisch und vielfach auch gesellschaftlich eingeschränkt. Von Anfang an sind deshalb im Spiel römische Soldaten sichtbar, und eine schwelende Spannung wird spürbar. Pilatus, der römische Statthalter, taucht ebenfalls schon vor dem Prozess auf und setzt den Hohen Priester Kaiphas unter Druck, er habe im Umfeld der religiösen Aktivitäten für Ruhe zu sorgen. Im Prozess selbst wird er in zynischer Weise Jesu Machtlosigkeit gleichermaßen verspotten wie die jüdische Religion als ganze. Innerhalb des Hohen Rates, der obersten religiösen Autorität, wird die Auseinandersetzung um Jesu Verurteilung heftiger geführt als in früheren Aufführungen. Die Anhänger Jesu treten verstärkt auf.

Auch die Figur des Judas ist in ihrer Tragik nochmals verdeutlicht. Kaiphas täuscht ihn über die Folgen der Auslieferung. Judas will nur ein Treffen Jesu mit dem Hohen Rat erzwingen, will aber nicht Jesu Tod. Er bereut seine Tat und wirft das Geld, das er bekommen hat, in den Tempel.

Parallel zum Verrat des Judas wird der Verrat des Petrus gestellt, der Jesus verleugnet, um sich nicht in Schwierigkeiten zu bringen. Als ihm sein Versagen bewusst wird, reut es ihn. Die beiden Verräter ziehen unterschiedliche Folgerungen. Petrus geht hinaus und weint bitterlich; denn er hat noch Vertrauen auf Jesus und hofft auf Vergebung. Judas, der sein Handeln gleichermaßen bereut, hat kein Vertrauen und glaubt nicht an Vergebung. Er geht weg und erhängt sich.

Auch die Schlussszene wird in neuer Weise inszeniert. Jesus wird zu Grabe getragen, aber das Grab ist nicht sichtbar. Damit entfällt die Darstellung der Wächter am Grab. Der Auferstandene erscheint nur kurz. Die Besonderheit seiner Erscheinungen wird damit angedeutet. Der Charakter des Numinosen wird durch den Lichtglanz, die Musik und die zurückhaltende bildliche Inszenierung betont. Es ist, wie die Theologie sagt, ein Geheimnis des Glaubens.

## Würdigung

Die Inszenierung 2010 hat den Passionstext von Joseph Daisenberger erneut überarbeitet auch in der Absicht, deutlicher darzustellen: Jesus, der Jude, hat die Religion der Väter, die auf dem Gesetz und den Propheten aufbaut, erneuern wollen, indem er die persönliche Beziehung zum Ewigen Vater-Gott als den Kern allen religiösen Handelns herausstellt. Nicht nur eine Ordnung sollte die Religion den Menschen geben, sondern eine bleibende innere Verbindung mit dem göttlichen Bereich.

Mit großem Engagement haben die Oberammergauer – wie in den Jahrzehnten zuvor – das Passionsspiel des Jahres 2010 angepackt. Sie wissen sich in der Pflicht. Das Gelübde der Vorfahren lösen sie wieder in der Weise ein, die dem Sinn des damaligen Versprechens entspricht. Das Spiel von der Erlösung will die Ängste und Sehnsüchte der Menschen unserer Zeit aufgreifen und ihnen die Hoffnung zusprechen, die der Glaube schenkt. Das Spiel ist also nicht museales Volkstheater. Es ist ein Theater des Volkes für das Volk, das ins Leben greift und Hoffnung vermitteln will.

*Ludwig Mödl*

(Prof. Dr. Ludwig Mödl, Spiritual im Herzoglichen Georgianum München und Universitätsprediger in St. Ludwig, ist theologischer Berater der Oberammergauer Passionsspiele 2010 – im Auftrag von Erzbischof Dr. Reinhard Marx in Absprache mit dem evangelischen Landesbischof Dr. Johannes Friedrich)

# das oberammergauer spiel von der passion des jesus von nazareth

## Vorspiel

Alle seien gegrüßt,
die mit uns folgen dem Erlöser,
der kam, zu heilen, was verwundet,
zu retten, was verloren war!

Der Heilige beseelt uns
mit dem Geist des Himmels,
er bringt uns seinen Frieden,
lehrt uns glauben, lieben, hoffen.

Zum Leben findet, wer ihm traut.
Dafür nehmt dieses Spiel als Zeugnis an
von uns als Kindeskindern derer,
die durch ihn Hilfe fanden in der Not!

Seht, wie er alle Last der Kinder Evas
schultert, wie er – kämpfend, leidend,
sterbend – uns weit die Türen
auftut hin zu unserem Vater!

LEBENDES BILD
### Der Verlust des Paradieses

*ADAM/EVA*

*Herr, du bist fern! Wir sind verloren,*
*heimatlos, zum Tod geboren,*
*einander fremd, getrennt durch Mauern,*
*verwaist, in Tränen und in Trauern!*

*Herr, lass die Gebeugten aufrecht gehen!*
*Sei für die Dürstenden der Quell*
*und lass in Todesnacht uns sehen*
*über uns dein Antlitz hell!*

ENGEL

*So spricht  der Herr:*
*„Ich will aus dunkler Nacht*
*den Menschen nun befrei'n,*
*erlöset soll er sein, er soll leben!*
*Meinen Sohn will ich euch geben,*
*den eig'nen Sohn für euch hingeben."*

CHOR

*Seht! Von ferne, von Kalvariens Höhen*
*leuchtet durch die Nacht ein Morgenglüh'n,*
*aus des Kreuzesbaumes Zweigen wehen*
*Friedenslüfte durch die Welten hin.*

*Folget dem Erlöser nun zur Seite,*
*bis er seinen rauen Dornenpfad*
*durchgekämpft und in heißem Streite*
*blutend für uns ausgelitten hat!*

# Einzug in Jerusalem

**NATHANAEL**

Welch Gewimmel! Die ganze Stadt strömt ihm entgegen.

**VOLKSMENGE**

*Heil dir, Heil dir, o Davids Sohn!*
*Der Väter Thron gebühret dir!*
*Der in des Höchsten Namen kömmt,*
*dem Israel entgegen strömt –*
*dich preisen wir, dich preisen wir!*

*Hosianna! Der im Himmel wohnet,*
*er sende alle Huld auf dich!*
*Hosianna! Der dort oben thronet,*
*erhalte uns dich ewiglich!*

*Heil dir, Heil dir, o Davids Sohn!*
*Der Väter Thron gebühret dir!*
*Der in des Höchsten Namen kömmt,*
*dem Israel entgegen strömt –*
*dich preisen wir, dich preisen wir!*

*Hosianna unserm Königssohne!*
*ertön' es durch die Lüfte weit!*
*Hosianna! Auf dem Davids-Throne*
*regiere er voll Herrlichkeit!*

*Heil dir! Heil dir, o Davids Sohn!*
*Der Väter Thron gebühret dir.*
*Der in des Höchsten Namen kömmt,*
*dem Israel entgegen strömt –*
*dich preisen wir, dich preisen wir!*

**JUDAS**

Hosianna!

**EINIGE**

Hosianna!

**ANDERE**

Gepriesen sei der Gesalbte!

**BRUTUS**

Aus dem Weg!

**LONGINUS**

Was zum Teufel ist hier los?

**EINIGE**

Gepriesen sei Davids Reich!

**VOLK UND KINDER**

Hosianna dem Sohne Davids!

**LONGINUS**

Was ist das für ein Aufruhr?

**NATHANAEL**

Er ist gekommen.

**LONGINUS**

Wer ist gekommen?

**ARCHAELAUS**

Wir kennen ihn nicht. Er kommt nicht aus Jerusalem, er ist ein Galiläer.

**EZECHIEL**

Wir hörten nur, dass er kommen würde.

**LONGINUS**

Wer?

**NATHANAEL**

Jesus ist es, der Sohn eines Zimmermanns aus Nazareth...

**LONGINUS**

Wessen Sohn? Was weißt du von ihm? Wer ist er?

**PETRUS**

Es ist der große Prophet aus Nazareth.

**JUDAS**

Hochgelobt sei, der kommt im Namen des Herrn!

**KINDER**

Hosianna!

**VOLK UND KINDER**

Ihm Hosianna!

**LONGINUS**

Ganz gleich, wer er ist - verschwinde! Ich will keinen Ärger!

**NATHANAEL**

Lasst ihn! Es wird keinen Ärger geben.

**BRUTUS**

Macht den Weg frei! Wird's bald? Platz da!

**NATHANAEL**

Galiläer, was willst du? Warum bist du gekommen?

**JESUS**

Ich bin gekommen, um die Traurigen zu trösten.

**EZECHIEL**

Man hat dir gesagt, es ist besser du gehst.

**PETRUS**

Das Volk dürstet nach seiner Rede!

**EINIGE**

Er soll reden.

**ANDERE**

Wir wollen ihn hören!

**EINIGE**

Wir wollen ihn hören.

**ARCHELAUS**

Ruhe! Wer hat ihn gesalbt, dass er redet vor dem Tempel?

**KAIPHAS**

Lass ihn reden!

**NATHANAEL**

Sprich, Galiläer! Doch man wägt deine Worte.

**JESUS**

Kommt, kommt zu mir die ihr mühselig und beladen seid!
Kommt, die ihr geschwächt seid von der Last des Un-
glücks und des Kummers!
Es ist eine Zeit der Angst für Israel, doch soll euch daraus
geholfen werden. Sorgt nicht, was ihr essen und trinken
werdet; auch nicht um euren Leib, was ihr anziehen
werdet! Gott weiß, dass ihr all dessen bedürft. Doch das
Leben ist mehr als Nahrung und der Leib mehr als
Kleidung. Richtet all eure Sorgen, all euer Trachten auf
das Reich Gottes und seine Gerechtigkeit! Ihr sehnt euch
nach den Schätzen der Erde, nach Schätzen, die von
Motten und Rost zerfressen werden. Ich sage euch:
Sammelt euch Schätze im Himmel! Denn wo dein Schatz
ist, da ist auch dein Herz.

**BOOZ**

Tu, was dein Herz gelüstet! – Hört nicht auf ihn! Er wird
uns nicht von den Römern befreien.

**ALBION**

Er glaubt nicht, dass wir dem Dunkel entrinnen können,
er fürchtet das Schwert.

**JUDAS**

Jesus, steh auf! Sei unser König, geh uns voran und lass
nicht zu, dass die Gerechten hingerichtet werden!

**JESUS**

Judas, ich werde nicht streiten noch schreien, und man
wird meine Stimme nicht hören auf den Gassen.

**PETRUS**

Verschließ nicht dein Auge vor ihrer Not!

**PHILIPPUS**

Rabbi, ist denn Israel ein Sklave oder unfrei geboren, dass
es der Römer Raub sein darf?

**JESUS**

Vertraut auf den Herrn!

**PETRUS**

Ja, vertraut auf den Herrn, der uns aus Ägypten führte,
der uns leitete durch die Wüste und uns brachte in ein
fruchtbares Land!

**JUDAS**

Gott tat es mit starker Hand und jagte die Soldaten des
Pharao in die Tiefen des Meeres.

**SIMON**

Gott hat Pharao dem Meer preisgegeben, sie stürzten in
die Finsternis des Todes, denn das Herz der Ägypter war
hart geworden.

**JUDAS**

Gottes Zorn soll offenbar werden über alles gottlose
Wesen und alle Ungerechtigkeit der Menschen.

**JESUS**

Judas, richte nicht! Denkt um und wendet euer Herz dem
Herrn zu und dient ihm allein!

**EFOD**

Ich diene Gott, aber ich diene nicht der Knechtschaft.

**JUDAS**

Er hat recht, die Römer fressen unser Land und seinen
Ertrag!

**PHILIPPUS**

Sollen wir noch zögern? Sollen wir keinen Widerstand
leisten?

**EREZ**

Steht nicht geschrieben: Auge um Auge und Zahn um
Zahn?

**JESUS**

Ja, so steht es geschrieben, und ich sage dir: Leiste dem,
der dir Böses tut, Widerstand! Doch tu es so: Wenn er
euch auf die rechte Wange schlägt, dann haltet ihm auch
die andere hin!

**EREZ**

Wer kann das anhören?

**JESUS**

Wenn ich schwach bin, dann bin ich stark.

**ESRON**

Und wenn er mir meinen Rock vom Leib reißt, dann
schenk ich ihm auch noch meinen Mantel.

**JESUS**

Und wenn dich ein Römer zwingt, eine Meile mit ihm zu
gehen, dann geh zwei mit ihm! Liebe deinen Nächsten
wie dich selbst!

**KOSAM**

Ich werde meinen Nächsten lieben. Aber mit gleicher
Inbrunst werde ich die Römer hassen.

**JESUS**

Wenn du den liebst, der dich liebt, was tust du Besonderes? Tun nicht dasselbe auch die Heiden? Seid
Kinder eures Vaters im Himmel! Er lässt seine Sonne auf-

gehen über Gute und Böse und lässt regnen über Gerechte und Ungerechte. Liebt eure Feinde, segnet, die euch fluchen, tut wohl denen, die euch hassen, und bittet für die, die euch beleidigen und verfolgen!

THOMAS

Die Römer schlagen uns, und wir sollen für sie beten und sie lieben?

ALBION

Niemals! Ich lasse mir meinen Zorn nicht nehmen, meine Hand bleibt ausgestreckt.

JESUS

Steh ab vom Zorn! Erhitzt euch nicht, es führt nur zum Bösen. Des Menschen Zorn tut nicht, was vor Gott recht ist. Wenn Gott euer König ist, dann werden die Armen Glück in Fülle genießen. Selig ihr Armen, denn ihr werdet frei sein! Selig die unschuldig Verfolgten, denn Gott wird ihnen das Land schenken! Selig, die hungern und dürsten nach der Gerechtigkeit, denn sie werden satt werden! Selig, die reinen Herzens sind, denn sie werden Gott schauen! Selig, die Frieden stiften, denn sie werden Söhne Gottes genannt werden!

PHILIPPUS

Rabbi, ins Gefängnis werden sie uns werfen und uns töten.

JESUS

Ja, sie werden euch überantworten. Ihr werdet hören das Geschrei des Krieges. Aufstehen wird Volk gegen Volk, und die Liebe unter den Menschen wird kalt. Es werden viele einander verraten, und sie werden sich hassen. Euch aber sage ich: Wer in Gott beharret, der wird sein Reich schauen. – Ihr seid das Licht der Welt. Lasst euer Licht leuchten vor den Menschen, dass sie eure Taten sehen und euren Vater im Himmel dafür preisen! Alles, was ihr wollt, dass euch die Leute tun, das tut ihnen auch! Denn was hilft es dem Menschen, wenn er die ganze Welt gewinnt und nähme doch Schaden an seiner Seele? Liebt eure Feinde! Und fürchtet euch nicht vor denen, die den Leib töten, aber die Seele nicht töten können; fürchtet euch vielmehr vor dem, der Leib und Seele verderben kann!

KAIPHAS

Dies sind große Worte, die du sprichst, Jesus von Nazareth! Du redest, als seist du vom Geist des Herrn erfüllt. Als sei dir Vollmacht gegeben. Doch ich frage dich: Was ist das für ein Traum, den du da träumst?

JESUS

Kaiphas, wenn ihr Glauben habt, so könnt ihr den Bergen

zurufen: Hebt euch! Und sie werden sich heben; und euch
wird nichts unmöglich sein.

**EZECHIEL**

Seht, ein Träumer kommt daher, euch als König zu
regieren!

**ARCHELAUS**

Die Berge sehen ihn und ihnen wird bang.

**JESUS**

Ihr kennt weder die Schrift noch glaubt ihr an die Kraft
Gottes.

**KAIPHAS**

Wir kennen die Schrift!

**NATHANAEL**

Jesus, Rabbi, ich weiß, dass es dir allein um die Wahrheit
geht. Du redest den Leuten nicht nach dem Mund – ganz
gleich, wieviel Ansehen sie besitzen. Du sagst frei heraus,
wie wir nach Gottes Willen leben sollen. Rate uns!
Ist's recht, dass man dem Kaiser Steuern zahlt?

**JESUS**

*(schweigt)*

**PETRUS**

Nimm dich in acht!

**JOSAPHAT**

Nun versagt seine Weisheit, hier verlässt ihn sein Mut.

**ARCHELAUS**

Wenn er antwortet: „Zahlt!", bekommt er Ärger mit dem
Volk.

**NATHANAEL**

Sprich! Sollen wir zahlen?

**JESUS**

Ihr Heuchler, was versucht ihr mich? Zeigt mir eine
Steuermünze! – Wessen Bild und Aufschrift ist das?

**NATHANAEL**

Des Kaisers.

**JESUS**

Dann gebt dem Kaiser, was des Kaisers ist, und gebt Gott,
was Gottes ist!

**KAIPHAS**

Er ist klug wie eine Schlange.

**NIKODEMUS**

Doch ohne Falschheit wie die Tauben.

**KAIPHAS**

Hast du dich schon verführen lassen, Nikodemus?

**NIKODEMUS**

Noch nie hat ein Mensch so geredet wie dieser.

**KAIPHAS**

Glaubt diesem Träumer nicht! – Sagt mir: Wie kann

dieser die Schrift verstehen, wenn er es doch nicht gelernt hat? Uns Priestern allein ist die Aufgabe übertragen, euch Gottes Willen zu künden.

DARIABAS

Er aber will das Gesetz, das Gott uns durch Moses gegeben hat, untergraben.

NATHANAEL

Ist es nicht so, dass er und seine Anhänger den Sabbat entweihen? Ihr tut, was Gott verboten hat!

JESUS

Richtet nicht nach dem äußeren Schein, sondern urteilt gerecht! Weshalb seid ihr so empört darüber, dass ich einen Menschen am Sabbat geheilt habe? Der Sabbat wurde für den Menschen geschaffen und nicht der Mensch für den Sabbat.

KAIPHAS

Er dreht es zu seinem Sinn. *(Ezechiel kommt mit der Ehebrecherin)* Nun wollen wir sehen, wie ernst es dir um das Gesetz des Moses ist. Sieh: Dieses Weib wurde auf frischer Tat beim Ehebruch ertappt. Im Gesetz hat Mose uns befohlen, eine solche Frau zu steinigen.

ANNAS

Er sprach: „Man soll sie heraus vor die Tür des Hauses führen, und die Leute der Stadt sollen sie zu Tode steinigen, weil sie eine Schandtat in Israel begangen und Hurerei getrieben hat."

KAIPHAS

Was meinst du dazu?

JESUS

*(schweigt – kniet nieder und und malt Zeichen auf den Boden)*

ANNAS

Sie ist ein unbändiges Weib, verführerisch, und weiß nichts von Scham.

EZECHIEL

Ihre leichtfertige Hurerei hat das Land unrein gemacht.

KAIPHAS

Er schweigt. So frage ich euch: Soll ich ihr gnädig sein?

PTHOLOMÄUS

Steinigt sie!

EINIGE

Steinigt sie!

ANDERE MÄNNER

Steinigt sie!

WIEDER ANDERE

Steinigt sie!

*JESUS*

Der von euch, der ohne Sünde ist, der werfe den ersten Stein.

*KAIPHAS*

*(geht vom Platz)*

*NATHANAEL*

Kaiphas? – Geht! Geht! *(langsam gehen alle vom Platz)*

*JUDAS*

Hosianna! Gepriesen sei der Gesalbte! Hosianna!

*VOLK*

Hosianna! Gepriesen sei Davids Reich! Hosianna!

*JESUS*

Wo sind jetzt deine Ankläger?

*EHEBRECHERIN*

Sie sind alle gegangen. – Und keiner hat mich verurteilt.

*JESUS*

Dann verurteile ich dich auch nicht.
Geh und sündige nicht mehr!

# Jesus in Bethanien

*PROLOG*
> Von Galiläa bis Jerusalem
> hat er Menschen befreit und geheilt,
> zum Leben erweckt und verkündet:
> Kehrt um! Nah ist das Himmelreich!
>
> Begeisterte folgen ihm nach,
> andre – seinem Wort verschlossen –
> nehmen an ihm Ärgernis
> und Mächtige planen Gewalttat.
>
> Doch furchtlos geht Jesus seinen Weg.
> Er setzt sein Vertrauen auf den Herrn,
> wie einst Moses in höchster Gefahr,
> als Israel floh vor Pharaos Streitern.

LEBENDES BILD
## Moses führt die Israeliten durch das Rote Meer

*ISRAELITEN*
> *Flieht! Flieht! Es drängt mit Macht Ägyptens Heer!*
> *Wohin? Wo flieh'n? Vor uns der See Gestade!*
> *Kein Weg! Kein Steg! Es droht das Meer!*
> *Verlor'n sind wir! Versperrt die Pfade!*

*MOSES*
> *Fürchtet euch nicht vor Pharaos Gewalt!*
> *Verborgen in Wolke und Feuer*
> *Wird euch erretten Jahwe bald -*
> *Er, seines Volkes Befreier!*

*REZITATIV*
> *Und Moses streckte aus die Hand,*
> *die Wasser trieb der Ostwind fort,*
> *und Israel zog über trock'nes Land*
> *durch Wassermauern an festen Ort.*

*ISRAELITEN*
> *Großes hat der Herr, getan,*
> *führt Israel auf sichrer Bahn!*

> Wenn du uns führst auf unbekanntem Pfade,
> lass glauben uns an deine Gnade!
> Wenn deine Ziele wir nicht schauen,
> lass deiner Führung uns vertrauen!

# In Bethanien

*LAZARUS*

Maria! Martha! Simon, er kommt!

*JUDAS*

Lazarus, Simon! Nun ist endlich der Tag nahe, da er das Reich Israel wiederherstellen und von den Römern befreien wird.

*SIMON*

Durch den Erfolg bei seinem Einzug in die heilige Stadt bestärkt, wird das Volk ihn zum König Israels ausrufen und auf Davids Thron heben.

*THADDÄUS*

Groß wird seine Herrschaft sein und des Friedens kein Ende.

*JUDAS*

Über Davids Reich wirst du herrschen. Du stärkst und stützt es durch Gerechtigkeit und Recht.

*THOMAS*

Du weckst lauten Jubel. Du machst groß die Freude. Man wird sich freuen, wie man sich freut in der Ernte.

*ANDREAS*

Und jeder Soldatenstiefel, der mit Gedröhn daher geht, und jeder Mantel, der mit Blut befleckt ist, wird verbrannt und vom Feuer verzehrt.

*JUDAS*

Du wirst das drückende Joch der Römer, die Jochstange auf unserer Schulter und den Stecken unserer Treiber zerbrechen wie am Tage Midians.

*JESUS*

Judas, Andreas, eure Gedanken sind nicht meine Gedanken, und eure Wege sind nicht meine Wege.

*JUDAS*

Du wirst die Gottlosen richten.

*JESUS*

Ich bin nicht gekommen, dass ich die Welt richte, sondern dass die Welt gerettet werde.

SIMON VON BETHANIEN
  Rabbi! Sei mir gegrüßt! Welche Freude, dass du meiner
  Einladung gefolgt bist und mein Haus mit deiner Einkehr
  beglückst!

MARTHA
  Rabbi, sei gegrüßt!

MAGDALENA
  Rabbi!

JESUS
  Maria!

  *(Nikodemus, gefolgt von anderen Priestern tritt auf)*

NIKODEMUS
  *(zu Simon von Bethanien)* Simon, wir wollen Jesus
  sprechen.

SIMON VON BETHANIEN
  Nikodemus, Gamaliel, was wollt ihr von ihm?

GAMALIEL
  Rabbi, sage uns, bist du der, auf den wir warten?

NIKODEMUS
  Rabbi, wir wissen, du bist ein großer Lehrer. Niemand tut
  Zeichen wie du, und nie habe ich einen Menschen gehört,
  der redet wie du.

JUDAS
  Er redet, ihr aber nehmt sein Zeugnis nicht an.

JESUS
  Judas!

NIKODEMUS
  Rabbi, guter Meister ...

JESUS
  Was nennst du mich gut? Niemand ist gut als Gott allein.

GAMALIEL
  Sage uns, bist du der, der kommen soll, oder müssen wir
  auf einen anderen warten?

PETRUS
  Geht und berichtet, was ihr hört und seht: Blinde sehen,
  Lahme gehen, Aussätzige werden rein, Taube hören und
  den Armen wird die frohe Botschaft verkündet!

LAZARUS
  Ich lag in der Grube des Todes, er hat mich bei meinem
  Namen gerufen und zog mich heraus. Viele haben es
  gesehen und glauben an ihn.

GAMALIEL
  Wir wissen, wie schwer es ist, den Tod festzustellen.
  Viele sind schon lebendig begraben worden.

JESUS
  Gamaliel, für wen haltet ihr mich?

**GAMALIEL**

Einige halten dich für Johannes den Täufer, denn sie wollen nicht glauben, dass er gestorben ist.

**JAKOBUS A.**

Oder sie halten dich für Elia, der erscheinen soll, bevor der Messias kommt.

**JOHANNES**

Wieder andere glauben, du seist Jeremia oder sonst einer der Propheten.

**JESUS**

Ihr aber, für wen haltet ihr mich?

**PETRUS**

Du bist der Messias.

**MAGDALENA**

Du bist der Schönste von allen Menschen. Anmut ist aus gegossen über deine Lippen. Du liebst Wahrhaftigkeit und hasst den Frevel. Darum hat Gott, dein Gott, dich gesalbt vor deinen Gefährten. Gott hat dich für immer gesegnet.

*(Magdalena salbt ihn)*

**THOMAS**

Welch köstlicher Geruch!

**BARTHOLOMÄUS**

Es ist kostbares echtes Nardenöl.

**THADDÄUS**

Eine solche Ehre ist unserem Rabbi noch nie widerfahren!

**JOSAPHAT**

Nikodemus, wenn dieser ein Prophet wäre, so wüsste er, wer und was für ein Weib das ist, das ihn anrührt. Sie ist eine Sünderin.

**JESUS**

Schau auf diese Frau! Sie hat meine Füße mit Tränen benetzt und mit ihren Haaren getrocknet. Ihre Sünden sind ihr vergeben, denn sie hat viel Liebe gezeigt.

**JOSAPHAT**

Was maßt du dir an?

**NATHAN**

Wer bist du, dass du Sünden vergibst?

**JESUS**

Ich tu dir kein Unrecht. Begreift, was das heißt: Ich habe Wohlgefallen an Barmherzigkeit. Ich bin gekommen, die Sünder zu rufen und nicht die Gerechten. Ihr müsst neu geboren werden aus dem Geist, dann werdet ihr den Willen Gottes erkennen, dann werdet ihr sein Reich sehen.

**NIKODEMUS**

Rabbi, du sagst, der Mensch muss neu geboren werden. Wie kann ein Mensch geboren werden, wenn er alt ist?

*SADOK*

Kann er denn wieder in den Leib seiner Mutter gehen?

*JESUS*

Was vom Fleisch geboren ist, das ist Fleisch; was aber vom Geist geboren ist, das ist Geist.

*GAMALIEL*

Wie kann dies geschehen?

*JESUS*

Bist du Israels Lehrer und weißt das nicht?

*JOSAPHAT*

Nikodemus, lass uns gehen! *(Sie gehen)*

*JESUS*

Petrus! Andreas! Jakobus! Johannes! Philippus! Bartholomäus! Thomas! Matthäus! Jakobus Alphäus! Thaddäus! Simon! Judas! Nun ist eure Zeit gekommen: Geht zu den verlorenen Schafen aus dem Hause Israel! Macht Kranke gesund, Aussätzige rein, treibt böse Geister aus! Umsonst habt ihr's empfangen, umsonst gebt es auch. Redet von dem, was ich euch im Dunkeln sagte, am hellen Tag, und was ich euch ins Ohr flüsterte, das verkündet von den Dächern! Es ist nichts verborgen, was nicht offenbar wird, und nichts geheim, was man nicht wissen wird.

*PETRUS*

Rabbi, du schickst uns fort?

*JESUS*

Ja, Petrus! Ich sende euch wie Schafe mitten unter die Wölfe. Hütet euch! Sie werden euch den Gerichten überantworten und werden euch geißeln. Man wird euch vor Statthalter und Könige führen um meinetwillen. Ihr werdet gehasst werden von jedermann um meines Namens willen. Wer aber bis an das Ende beharrt, der wird selig werden. Darum fürchtet euch nicht vor ihnen!

*JOHANNES*

Was hast du vor?

*JESUS*

In diesen Tagen wird sich in Jerusalem alles erfüllen, was durch die Propheten geschrieben ist.

*JUDAS*

Rabbi!

*JESUS*

Ich bin ein Wurm und kein Mensch, ein Spott der Leute und von allen verachtet. Alle, die mich sehen, verspotten mich, sperren das Maul auf und schütteln den Kopf.

*JUDAS*

Wie bist du so sonderlich!

**SIMON**

Was ist dir geschehen, was quält dich?

**MAGDALENA**

Rabbi, meinst du, wir fühlen es nicht. Es ist ein Schatten auf dein Antlitz gefallen und eine Sorge in deine Seele.

**JESUS**

Maria! Die nach dem Herrn fragen, deren Herz soll ewiglich leben.

**JOHANNES**

Sag uns, was geschehen wird!

**JESUS**

Wir gehen jetzt nach Jerusalem hinauf. Dort werde ich den Priestern ausgeliefert. Sie werden mich den Römern übergeben. Diese werden mich verspotten, geißeln und töten.

**PETRUS**

Töten?

**JOHANNES**

Rabbi, welch dunkles Wort sprichst du zu uns?

**PETRUS**

Das soll Gott verhüten! Das darf nicht mit dir geschehen! Bleib im Schutz dieses Hauses, bis der Sturm sich gelegt hat, der sich gegen dich erheben will!

**JESUS**

Weg mit dir, Satan! Geh mir aus den Augen! Du willst mich zu Fall bringen. Du hast nicht im Sinn, was Gott will, sondern was die Menschen wollen.

**PETRUS**

Rabbi! Wohin soll ich gehen? Was ist mit dir?

**JOHANNES**

Rabbi, ich bitte dich: Geh nicht hin, damit deinen Feinden die Gelegenheit fehle, das Schreckliche zu tun!

**JUDAS**

Oder geh hin und offenbare dich in deiner Macht!

**JAKOBUS**

Richte den Frieden unter den Menschen auf!

**JUDAS**

Wir hatten gehofft, du seist der, der Israel retten würde.

**ANDREAS**

Wir haben alles verlassen, Häuser, Äcker, Brüder, Schwestern, Vater, Mutter, unsere Kinder, und sind dir nachgefolgt. Was wird uns dafür gegeben?

**THOMAS**

Was werden wir essen? Was werden wir trinken? Was werden wir anziehen?

**JESUS**

Um all das sorgen sich die Gottlosen! Trachtet nach dem

Reich Gottes und nach seiner Gerechtigkeit, so wird euch alles zufallen.

*JUDAS*

Rabbi, wenn du nicht mehr bei uns bist, werden sich unsere Freunde bald zurückziehen, und dann –

*JESUS*

Judas, sieh zu, dass nicht der Versucher dich überfalle!

*JUDAS*

Wer sorgt, wenn ich nicht sorge? Bin ich nicht der, der das Geld verwalten soll?

*JESUS*

Das bist du, aber ich fürchte –

*JUDAS*

Auch ich fürchte, dass es hier bald leer sein und leer bleiben wird. Rabbi, erlaube mir, wenn du uns wirklich verlassen willst, so triff doch zuerst Anstalten für unsere künftige Versorgung!

*JESUS*

Judas –

*JUDAS*

Wie gut läge jetzt der Wert jenes unnütz verschwendeten Öles da drinnen - dreihundert Denare - wie lange könnten wir ohne Sorge leben!

*THOMAS*

Man hätte das Geld besser verwenden können.

*JESUS*

Was redet ihr?

*JUDAS*

Ein so teures Öl auszugießen! Welche Verschwendung!

*JESUS*

Warum tadelt auch ihr, was aus Liebe geschah? Judas, sieh mich an!

*JUDAS*

Rabbi, ich weiß, dass du unnützen Aufwand nicht liebst. Man hätte das Öl verkaufen und die Armen unterstützen können. Wenigstens dreihundert Denare hätte man damit gewonnen.

*JESUS*

Arme habt ihr immer um euch, mich aber habt ihr nicht immer. Sie hat ein gutes Werk an mir getan. Als sie das Öl über mich goss, hat sie meinen Leib für das Begräbnis gesalbt.

*MAGDALENA*

Rabbi, lass mich mit dir gehen!

*JESUS*

Wohin ich gehe, dahin kannst du mir nicht folgen.

MAGDALENA

Du bist mein Leben, Rabbi, wenn du gehst, nimmst du
mein Leben mit dir.

JESUS

Maria, wenn das Weizenkorn nicht in die Erde fällt und
stirbt, bleibt es allein. Wenn es aber stirbt, bringt es
reiche Frucht.

MAGDALENA

Rabbi, ich weiß es. Du siehst: Ich weine nicht. Stark wie
der Tod ist die Liebe.

JESUS

Stark muss sie sein, dass sie nicht schwach werde bei
dem, was kommt. Du wirst mich suchen und die Stadt
durchirren, und wenn du mich findest, erkennt mich nur
dein Herz, deine Augen erkennen mich nicht. Denn ich
bin in die Kelter geworfen, und der Wein, der ausrinnt, ist
mein Blut. Was immer du siehst, werde nicht irre! Ich bin,
der ich immer war und immer sein werde. Du hast mir
deine Liebe gegeben. Stärke mich auch in der kommen-
den Nacht und am morgigen Tag!

*(Maria, die Mutter Jesu seine Brüder Joses., Jakob, Simon
und Maria Salome und Maria Kleopha treten auf)*

MARIA

Jesus!

LAZARUS

Rabbi – deine Mutter und deine Brüder!

MARTHA

Wie glücklich schätzen wir uns, die Mutter unseres
Rabbis bei uns zu haben.

SIMON VON BETHANIEN

Selig die Frau, deren Leib dich getragen und deren Brust
dich genährt hat!

JESUS

Selig sind die, die das Wort Gottes hören und es befolgen!
Wer ist meine Mutter, und wer sind meine Brüder? Jeder,
der den Willen meines Vaters erfüllt, ist für mich Bruder
und Schwester und Mutter!

MARIA

Wir haben dich voll Angst gesucht.

JESUS

Warum hat du mich gesucht?

MARIA

Dein Eifer verzehrt dich. Komm zurück nach Nazareth!

*(Jesus schweigt)*

JAKOB

Wann gibst du das Herumziehen auf? Du Wanderprediger!
Wovon lebt ihr eigentlich?

**SIMON BRUDER**

Von Almosen und vom Geld dieser Frauen da!? Schande!

**JOSES**

Andern predigst du die Gebote, du aber kennst nicht einmal das vierte: Du sollst Vater und Mutter ehren!
Kümmerst du dich um deine Mutter?

**SIMON BRUDER**

Und nicht nur das! Auch andern Familien nimmst du die Söhne weg und machst aus ehrlichen Fischern und Handwerkern Landstreicher, du hinderst sie, Familien zu gründen und angesehene Bürger zu werden. Wohin soll das alles führen?

**JAKOB**

Man sagt, du führst Reden gegen die Mächtigen – das geht dir schlecht aus. Komm jetzt mit uns und nimm Vernunft an!

**MARIA**

Lasst ihn! Er muss seinen Weg gehen.

**LAZARUS**

Maria, er geht nach Jerusalem! Seine Feinde lauern auf seinen Untergang.

**MARIA**

Nach Jerusalem! Dorthin in den Tempel habe ich dich einst auf meinen Armen getragen, dich dem Herrn zu bringen! Er hat dich mir gegeben. Jetzt fordert er dich zurück. Was er mir auferlegt, will ich tragen.

**JESUS**

Mutter, du wirst weinen und wehklagen. Du wirst traurig sein, doch deine Traurigkeit soll in Freude verwandelt werden und deine Freude soll niemand von dir nehmen.

**MARIA**

Wo werde ich dich wiedersehen?

**JESUS**

Dort, wo sich das Wort der Schrift erfüllt: „Er war wie ein Lamm, das zur Schlachtbank geführt wird und seinen Mund nicht öffnet."

**MARIA**

Gott! Gib mir Stärke, dass mein Herz nicht breche!

**JESUS**

Laßt uns gehen!

**JUDAS**

Was soll ich dir noch nachgehen? Ich habe wenig Lust dazu. Deine großen Taten ließen hoffen, du werdest das Reich Israel wiederherstellen. Aber es wird nichts, du ergreifst die Gelegenheit nicht, die sich dir bietet. Jetzt redest du von Scheiden und Sterben und vertröstest uns in geheimnisvollen Worten auf eine Zukunft, die mir zu weit und in dunkler Ferne liegt.

PETRUS
    Judas!
JUDAS
    Ich bin es müde, zu glauben und zu hoffen. Nichts steht
    in Aussicht als fortwährende Armut und Niedrigkeit und
    anstatt der Teilnahme an deinem Königreich Verfolgung
    und Kerker. Deine Herrschaft will ich mit dir teilen. Doch
    sie bleibt aus. Und was herauskommt – Grauen und Not –
    wer hat Lust, dies zu tragen? Ich nicht! Ich nicht!

# Vertreibung der Tempelhändler
# Pilatus und Kaiphas
# Judas und der Hohe Rat

*PROLOG*

Seht, wie Jesus – brennend von göttlichem Geist –
um die Menschen ringt! Er kündet des Höchsten
Erbarmen und lehrt das Gesetz der Versöhnung
mit dem Himmel wie mit dem Bruder.

Als Moses vom Berge trug Gottes Gesetz,
das untreue Volk aber jubelnd huldigen
sah einem Götzen aus Gold, befahl er:
„Wer dem Herrn angehört, trete zu mir!"

So sammelt auch Jesus um sich ein den Vater
mit ganzer Seele liebendes Volk
und ruft zur Entscheidung, Gott zu dienen
oder dem Götzen der eigenen Macht.

## LEBENDES BILD
## Die zehn Gebote und der Tanz um das goldene Kalb

*CHOR DER DEM GOLDENEN KALB HULDIGENDEN*

*„O gold'nes Bild! Wir fallen vor dir nieder!*
*Du großer Herrscher! Du unser Hüter!*
*Wir danken dir, der aus Ägypten uns befreit!*
*O starker Helfer, hilf uns allezeit!*
*Du gold'ner Gott!*
*Der uns befreit!*
*Halfst in der Not!*
*Hilf uns auch heut'!*
*Zieh uns voran!*
*Wir beten dich an!*
*Du gibst uns allezeit dein treu Geleit!*
*Glanz wirst du verleihen! Herrlichkeit!*
*Kommt, wir tanzen um ihn unsern Reihen!*
*Kommt, wir wollen ihn mit unserm Tanz erfreuen!*
*Da uns verlassen Moses und sein Gott,*
*sei du uns Schutz und Schild in aller Not!*
*Wer hilft uns sonst als du, als du in Leben und Tod?!*
*Du gold'nes Bild! Du starker Gott!*

*Voll großer Ehrfurcht stehen wir hier!*
*O gold'ner Gott! Dein Volk, sieh*
*es fleht zu dir!"*

MOSES

*Wie schaudert mich des Volks Vergehen!*
*Bei wem? Bei wem, ihr Ungetreuen, sucht ihr Rat?!*
*War's Jahwe nicht, der geleitet hat*
*euch allezeit! Bedenket ihr den Abgrund nicht?*
*Des Satans Macht wird neu erstehen!*
*Der Götze zeigt sein Nachtgesicht!*

ERZÄHLER

*„Lasst euch von mir zum Vater führen!"*
*lädt Jesus alle liebend ein,*
*Der gute Hirte will kein Schaf verlieren!*
*Bei ihm sollt' auch ein Judas sein!*

*Ach, Judas will von Jesus lassen,*
*sein Himmelreich kann er nicht fassen,*
*vertraut sich an der Gegner Reih'n,*
*und diese fordern, heil'ger Gott,*
*zu strafen Jesus mit dem Tod!*

CHOR

*Kehrt alle um vom Weg der Sünde!*
*Vertrauet euch dem Vater an!*
*Denn seht, durch Götzen taub und blinde*
*zieh'n Menschen hin die Todesbahn,*
*das Herz erkaltet und erfriert,*
*wenn es das Band zu Gott verliert.*

1. SZENE
## Vertreibung der Händler aus dem Tempel

JESUS
Ist das Gottes Haus – oder ist es ein Marktplatz?
JOSUE
Was störst du diese Leute?
JESUS
Die Kinder Israels, die zum Passahfest in den Tempel
kommen, Gott anzubeten, in diesem Gewühl sollen sie
ihre Gebete verrichten?
EZECHIEL
Dies alles ist zum Opfer vor dem Herrn bestimmt.

*JESUS*

Wenn ihr nur wüsstet, was das heißt: Ich habe Wohlgefallen an Barmherzigkeit und nicht am Opfer. – Höre,
Israel! Der Herr, unser Gott, ist der Herr allein! Liebt ihn,
von ganzem Herzen, von ganzem Gemüt und mit all
euren Kräften! Es ist kein anderes Gebot größer als dieses.

*NIKODEMUS*

Er spricht wahrhaft recht. Es ist nur Einer und ist kein
anderer außer ihm; und ihn lieben von ganzem Herzen,
von ganzem Gemüt und von allen Kräften, und seinen
Nächsten lieben wie sich selbst, das ist mehr als alle
Brandopfer und Schlachtopfer.

*JESUS*

Nikodemus, du bist nicht fern vom Reich Gottes. – Geht!
Außerhalb des Tempels sind Plätze genug zu eurem
Geschäft.

*BOOZ*

So darf man nicht mehr opfern?

*ALBION*

Wie kannst du verbieten, was uns der Hohe Rat erlaubt?

*JESUS*

„Mein Haus", spricht der Herr, „soll ein Haus des Gebetes
genannt werden für alle Völker." Ihr aber macht eine
Räuberhöhle daraus. – Und ihr Priester, Wächter des
Heiligtums, seht diesen Gräuel an und duldet ihn?

*MERERIE*

Du getraust dich, uns, die Priester, zu ermahnen?

*NATHANAEL*

Und du verblendetes Volk, du willst diesem Neuerer
anhängen? Er ist gekommen, das Gesetz aufzuheben.

*JESUS*

Denkt nicht, ich sei gekommen, das Gesetz oder die
Propheten aufzuheben! Ich bin nicht gekommen aufzuheben, sondern zu erfüllen.

*ARCHELAUS*

Ihr wollt Moses und die Propheten und seine Priester verlassen!

*PETRUS*

Nein! Das wollen wir nicht! Es sei ferne, dass wir Moses
und sein Gesetz verlassen.

*NATHANAEL*

Wer aber ist bevollmächtigt, euch Gottes Gesetz zu verkünden?

*ANNAS*

Wem ist das Amt übertragen, zu wachen über die
Reinheit der Lehre? Sind es nicht die Priester und Lehrer?

*ARCHELAUS*

Wen wollt ihr also hören? Uns oder diesen Verführer, der sich selbst zum Verkünder einer neuen Lehre aufgeworfen hat?

*PHILIPPUS*

Er ist ein großer Prophet!

*EINIGE*

Der Messias ist er!

*KINDER*

Hosianna!

*ARCHELAUS*

Ein Irrlehrer ist er!

*EZECHIEL*

Ein Feind des Moses!

*ARCHELAUS*

Ein Feind der Satzungen unserer Väter!

*ANNAS*

Nur wir, eure Väter, werden euch vor dem Abgrund bewahren.

*JESUS*

Auf den Stuhl des Moses haben sich die Schriftgelehrten und Priester gesetzt. Alles, was sie euch sagen, tut und haltet!

*NATHANAEL*

Oh, hört! Er ist geneigt, sich wieder an seine gesetzmäßige Obrigkeit zu halten.

*JESUS*

Aber nach ihren Werken sollt ihr nicht handeln!

*ISMAEL*

Was erlaubst du dir?

*JESUS*

Sie reden, tun aber nicht, was sie sagen. Sie binden schwere und unerträgliche Bürden und legen sie euch auf die Schultern, aber sie selbst wollen keinen Finger dafür krümmen.

*ARCHELAUS*

Wer bist du, dass du es wagst, die Priester mit einer solchen Rede zu schmähen?

*NATHANAEL*

Wer es noch mit dem Glauben unserer Väter Abraham, Isaak und Jakob hält, der trete zu uns! - Kinder Israels, wollt ihr aufhören, Gottes auserwähltes Volk zu sein?

*DARIABAS*

Schüttelt das Joch des Verführers ab!

*AMIEL*

Folgt dem Hohen Rat!

**JESUS**

Weh euch, ihr Heuchler, die ihr das Himmelreich zuschließt vor den Menschen! Ihr geht nicht hinein und die hineinwollen, lasst ihr nicht hinein. Weh euch, die ihr Land und Meer durchzieht, damit ihr einen für den Glauben gewinnt; und wenn er glaubt, macht ihr aus ihm ein Kind der Hölle, doppelt so schlimm wie ihr. Ihr verblendeten Führer, die ihr Mücken aussiebt, aber Kamele verschluckt! Ihr seid wie die übertünchten Gräber, die von außen schön aussehen, aber innen sind sie voller Totengebein und lauter Unrat! Von außen scheint ihr vor den Menschen fromm, ihr Heuchler, die ihr den Zehnten gebt von Minze, Dill und Kümmel und lasst das Wichtigste im Gesetz beiseite, nämlich das Recht, die Barmherzigkeit und den Glauben! – *(zu den Händlern)* Fort von hier – ich gebiete es euch! Nehmt, was euer ist, und verlasst die heilige Stätte! Hinaus mit dem allen!

**ALBION**

Das geht nicht an! Das darfst du nicht!

**KOSAM**

Mein Geld!

**ESRON**

Meine Tauben!

**BOOZ**

Meine Schafe!

**EFOD**

Meine Ölkrüge umgestürzt! Wer ersetzt mir den Schaden?

**JESUS**

Fort mit euch! Ich will, dass diese entweihte Stätte der Anbetung des Vaters wiedergegeben werde.

**PETRUS**

*Shma Israel*

**VOLK**

*Shma Israel Adonai elohejnu Adonai echad.*
*Baruch schem kavod, malchuto le olam va Ed!*
*Veahawta et Elohejcha, bechal leva vecha ufchal nafsche cha ufschl Meodecha.*
*Shma Israel.*

**JESUS**

Ich sage euch: Ihr werdet mich von jetzt an nicht sehen, bis ihr sprecht: Gelobt sei, der da kommt im Namen des Herrn!

**EZECHIEL**

*(zu Kaiphas)* Warum hast du ihn nicht ergreifen lassen?

**ANNAS**

Wir, die Priester und Lehrer, sind der Spielball eines Menschen, der je länger, desto mutwilliger uns trotzt und unser spottet.

**NATHANAEL**

Kaiphas, lange genug hat er das Volk irregeführt und es von den vorgesetzten Vätern abwendig zu machen gesucht.

**ARCHELAUS**

Nicht genug, dass er unter einer Menge jubelnden Volkes in unsere Stadt einzog! Er hat es gewagt, jene, die in den Vorhöfen des Tempels die zum Opfer nötigen Waren bereithalten, mit einer Geißel zu vertreiben.

**EFOD**

Geld, Öl, Salz, Tauben – alles muss er ersetzen!

**ARCHELAUS**

Die Zahl seiner Anhänger wächst unablässig.

**SARAS**

Die Unzufriedenen stehen auf. Sie rufen nach einem König auf Davids Thron.

**JOSAPHAT**

Uns aber werfen sie vor, den Römern in die Hände zu spielen.

**NATHANAEL**

Wenn du, Kaiphas, nicht eingreifst, wird sich der Unmut des Volkes gegen dich wenden.

**EZECHIEL**

Gegen dich und gegen uns!

**ANNAS**

Wie lange noch willst du zögern, dem Strom des Verderbens Grenzen zu setzen? Durchbrochen sind bereits alle Dämme, und wie eine alles niederstürzende Flut hat sich die wildschäumende Woge über ganz Judäa hinweg gewälzt - unterspült sind die Grundmauern - nur einige Augenblicke, und wir werden unter den Trümmern des sinkenden Gebäudes begraben.

**NATHANAEL**

*(Zu Kaiphas)* Ich beschwöre Euch, Herr!

**KAIPHAS**

Geduld, Freunde! Der Anhang dieses Menschen ist zu groß.

**ANNAS**

Was zauderst du?

**KAIPHAS**

Es könnte ein gefährlicher Kampf entstehen, dem die blutdürstigen Römer mit ihren Schwertern ein Ende machen würden. Vertraut mir! Überlasst euch meiner Führung! So wird dem Frevler gewiss die verdiente Strafe zuteil werden.

## 2. SZENE
# Pilatus und Kaiphas

*PILATUS*
Kaiphas!
*NATHANAEL*
Statthalter des erhabenen Kaisers!
*ARCHELAUS*
Heil und Segen dir!
*PILATUS*
Ich will mit dem Hohen Priester alleine sprechen.
*(zu seinem Diener)* Mela – noch eins, die Obersten der
Wache sollen sich bei mir melden. *(zu den Priestern)*
Habt ihr nicht gehört? Alleine! *(Zu Kaiphas – lächelt)*
Es herrscht eine große Hitze. Welch ein Gewimmel in der
Stadt. Kaiphas, hat sich etwas Besonderes ereignet?
*KAIPHAS*
Zum Passahfest kommen viele Pilger nach Jerusalem...
*PILATUS*
Du weißt, was ich meine ...
*KAIPHAS*
Ja. Er ist nur ein unbedeutender Wanderprediger ...
*PILATUS*
Unbedeutend? Die ganze Stadt strömt ihm entgegen. Wie
ein Sieger hat er in Jerusalem Einzug gehalten. *(Kaiphas
schweigt)* Bewunderung, scheint es, hat dir den Mund
verschlossen. Kaiphas, muss ich dich erinnern?
Es sind immer diese unbedeutenden Wanderprediger, die
unter dem Vorwand göttlicher Sendung auf Umwälzung
und Aufruhr hinarbeiten und das Volk zu religiöser
Schwärmerei hinreißen. Sie locken es in die Wüste, als ob
ihnen euer Gott dort durch Wunderzeichen ihre Befreiung
ankündigen würde, und dann ...
*KAIPHAS*
Die Stadt ist ruhig. Niemand sinnt auf Aufruhr oder
Umwälzung.
*PILATUS*
Niemand? Niemand? Ich kenne euch. Was war dein Volk,
eh ich es übernahm? Ein wirrer Haufen – ohne Gehorsam,
ohne Leitung. Und erst nachdem ich eine Menge
Aufrührer ans Kreuz schlagen und die, die mit ihnen
gemeinsame Sache machten, ebenfalls hinrichten ließ,
war Ruhe in diesem gottverdammten Land.
*KAIPHAS*
Pilatus. Ich bitte dich.
*PILATUS*
Du bittest mich? Ich ließ dir den Rang des Hohepriesters,

ich gab dir das Amt, über die Ruhe und Ordnung in
dieser Stadt zu wachen, ich gab dir alles, was du erbatst.
*(zu Mela)* Ich gab es ihm, weil die Hand seines Gottes,
über ihm war. *(lacht)*

KAIPHAS

Du spottest.

PILATUS

Nein, ich spotte nicht. Wird nicht Ruhe in der Stadt,
werde ich dir alles, was ich dir gab, nehmen. Du kennst
des Kaisers Botschaft an alle Statthalter des Reichs ...

KAIPHAS

Ich kenne dieses Schreiben.

PILATUS

Dann kennst du auch den Ausgang: Wird Zwiespalt im
Lande entstehen und Aufruhr gegen Rom, so werde ich
mit Heeresmacht kommen und dich, dein Land und dein
Volk ins Verderben stürzen. Nun geh! Ich möchte nie wieder etwas von diesem Jesus hören.

KAIPHAS

Du kennst seinen Namen?

PILATUS

Ich kenne ihn!

MELA

Der Stadthalter ist vom Tun und Treiben der Juden sehr
gut unterrichtet.

PILATUS

Geh nun, Kaiphas! Und – was auch geschieht, vergiss
nicht, dass du auf meine Soldaten bauen kannst!
*(Pilatus mit Gefolge ab)*

## 3. SZENE
# Der Hohe Rat

KAIPHAS

Wehe den Kindern Israels! Wehe der heiligen Stadt! Wehe
dem Tempel des Herrn! Und wehe mir, wenn ich mir sein
herausforderndes Auftreten und seine anmaßende Rede
gefallen lasse!

NATHANAEL

Beruhige dich. Dieser Spötter gleicht einem Hund, der in
seiner Dummheit den Mond anbellt!

*ARCHELAUS*

Und dies alles wegen eines dahergelaufenen Galiläers.
Gnädigster Herr! So sprich! Was sollen wir tun? Was hast
du vor?

*KAIPHAS*

Ich will nicht leugnen, dass es mich verdrießt zu hören,
dass ein Galiläer die Priester verhöhnt.

*ANNAS*

Dass es dich verdrießt? Und das ist alles, was du dazu
sagst? Zu unserer Schande mussten wir mit ansehen, wie
der Galiläer mit seinem Anhang durch die Tore und
Gassen unserer heiligen Stadt gezogen ist. Du hast den
Hosianna-Ruf der betörten Volksmassen gehört. Du warst
Augenzeuge davon, wie der Hochmütige sich die hohe-
priesterliche Würde angemaßt und sich erfrecht hat, als
Herr im Tempel Gottes zu schalten. Was fehlt noch zum
völligen Umsturz aller staatlichen und göttlichen
Ordnung? Noch ein Schritt, und das Gesetz, das Gott uns
durch Moses gegeben, ist gestürzt, unserer Lehre
verachtet, die Priester ihrer Würde entkleidet!

*NATHANAEL*

Hoher Priester, ist es erlaubt, meine Gedanken auszusprechen, so muss ich erklären: Wir selbst tragen die
Schuld daran, dass es so weit gekommen ist, wir - durch
unsere Unentschlossenheit! Was hat es gefruchtet, dass
wir ihn durch Fragen in Verlegenheit zu setzen suchten,
dass wir ihm seine Abweichungen von der Lehre der
Väter, seine Gesetzesübertretungen nachwiesen?
Uns kehrt das Volk den Rücken, und alle Welt läuft ihm
nach. Die Verantwortung liegt auf uns, Freunde und
Brüder, auf uns, den Wächtern Zions!

*JOSEPH VON ARIMATHÄA*

Dann nehmt die Verantwortung auf euch!

*KAIPHAS*

Was willst du; Joseph?

*JOSEPH VON ARIMATHÄA*

Zu deinem Herzen und zu eurem Gewissen reden.

*KAIPHAS*

Zu meinem Herzen? *(mürrisch)* Um unserer Freundschaft
willen, schweig!

*JOSEPH VON ARIMATHÄA*

Ich stehe vor meinem Hohen Priester mit Ehrfurcht; aber
ich darf nicht schweigen. Es sei fern von mir, zu verteidigen, was dieser Jesus in seinem übermäßigem Eifer
gesprochen hat. Doch er tat es für die Sache Gottes.

*ANNAS*

Bist du von Sinnen?

*JOSEPH VON ARIMATHÄA*
Das Volk kehrt uns den Rücken zu. Verwundert euch dies? Wie können sie unseren Worten glauben? Wir tun viele unserer Werke nur, damit sie von den Leuten gesehen werden.

*NATHANAEL*
Was redest du?

*JOSEPH VON ARIMATHÄA*
Wir sitzen gern obenan bei Tisch und in den Synagogen und gefallen uns darin, wenn wir auf dem Markt gegrüßt und von den Leuten Rabbi genannt werden. Wir machen unsere Gebetsriemen breit und die Quasten an unseren Kleidern groß.

*ANNAS*
Hat er nie gelesen: Du sollst Aaron heilige Kleider machen, die herrlich und schön seien!

*NIKODEMUS*
Ja, so wurde es uns von Moses gegeben. Doch auch dies steht geschrieben: Ich sah an alles Tun, das unter der Sonne geschieht; und siehe, es war alles eitel und Haschen nach Wind.

*EZECHIEL*
Nikodemus, auch du?

*NATHANAEL*
Er ist schon lange ein geheimer Anhänger des Galiläers! Jetzt hat er sich verraten!

*JOSEPH VON ARIMATHÄA*
Brüder, sprach nicht der Herr durch den Mund seines Propheten Jeremia: „Sie gieren alle, Klein und Groß, nach unrechtem Gewinn; die Priester gehen mit Lüge um und heilen den Schaden meines Volks nur obenhin, indem sie sagen: Friede! Friede!"?

*NIKODEMUS*
Doch es ist kein Friede!

*ANNAS*
Nikodemus – Freund – hast du dein Leben lieb?

*NIKODEMUS*
Wendet eure Blicke umher! Die Stadt ist voll von Menschen, die ihre Häuser verlassen haben, weil die Dürre ihre Saat verbrannt und ihre Weinberge, ihre Ölgärten verheert hat. Da liegen sie – Männer, Weiber und Kinder – zuhauf, die Häuserwände entlang, Hunger wühlt in ihren Eingeweiden. Doch was haben wir ihnen zu bieten? Frieden!?

*JOSEPH VON ARIMATHÄA*
Viele fallen von uns ab; aber in vielen gleichgültigen Herzen entzündet sich durch seine Worte das Licht des Herrn.

**NIKODEMUS**

Herr, kann es dich wundern, wenn unsere Brüder in der Heimsuchung, die sie trifft, sich danach sehnen aufzustehen? Sie sehnen sich nach Licht. Wir können nicht dulden, dass dieser Jesus sich zum König aufwirft in Israel, wir können nicht dulden, dass durch ihn der verhasste Römer gereizt wird. Doch verdammt ihn nicht ob seiner Worte!

**ANNAS**

Ihr werdet mit Schande dastehen, weil ihr solches gesprochen habt.

**NATHANAEL**

Sie wissen nichts von Scham. Seht hin, seht!
Der Wahnwitz glüht aus seinen Augen.

**KAIPHAS**

Man kann es Wahnwitz nennen. Doch es ist mehr. Es ist Bewunderung für den Irrlehrer.

**ANNAS**

Bis hierher hat der Verführer seine Netze ausgeworfen.

**EZECHIEL**

So haben wir selbst in unserer Mitte Anhänger des Galiläers.

**AMIEL**

Es muss dem Treiben des Irrlehrers ein Ende bereitet werden.

**JOSAPHAT**

Heute noch muss beschlossen werden, was zu tun ist.

**KAIPHAS**

Glaub mir, Nikodemus, seiner Worte wegen soll keiner verfolgt werden. Aber habe ich ein Recht, durch all das, wessen er sich schuldig macht, einen Strich zu ziehen? Joseph, wie könnte ich noch Glück für unser Volk erhoffen, wenn ich seine Werke geschehen lasse?
Ich befehle euch, fortan zu schweigen und niemals wieder den Namen des Galiläers auszusprechen.

**JOSEPH VON ARIMATHÄA**

So habe ich zwischen Furcht vor dir und Gehorsam gegen Gott zu wählen?

**NIKODEMUS**

Du befiehlst? Nun könnt ihr fühlen, wieweit des Römers Arm reicht.

**KAIPHAS**

Des Römers Arm ist gewaltig; doch ich erzittere nicht vor seiner Macht. Hört mich an: Durch seinen Erfolg ermutigt, wird der Galiläer sich zum König Israels aufwerfen. Dieser Träumer bringt leichtfertig unsere Stadt in Aufruhr. Er verwandelt das Gesetz in gottlose Lehre.

Wo aber kein Gesetz ist, wird das Volk wild und ungehorsam! Wohl dem, der auf die Ordnung achtet! Soll Ruhe werden vor dem Galiläer, so muss jetzt und ohne Verzug geschehen, was längst hätte geschehen müssen.

ARCHELAUS

Wir müssen ihn in das Gefängnis werfen, mit einem Wort: ihn unschädlich machen.

ANNAS

Ist er einmal im Kerker, den Blicken der Menge entzogen, wird das leichtgläubige Volk nicht mehr durch den Zauber seiner Rede gefesselt, wird es keine Wunder mehr zu begaffen haben – wird er bald vergessen sein.

EZECHIEL

Im Dunkel des Gefängnisses mag er dann sein Licht leuchten lassen, den leeren Wänden sich als den König Israels ankünden und sich in Schmachreden gegen die Priesterschaft ergehen!

JOSAPHAT

Das wird den gehörigen Eindruck auf seine Anhänger machen und ihre Schwärmerei für ihn abkühlen, wenn er, der ihnen Freiheit verheißen, selbst in Ketten liegt.

GERSON

In den tiefsten Kerker mit ihm! Dort sei und bleibe er als ein lebendig Begrabener!

KAIPHAS

Wer von euch aber will als Bürge dafür einstehen, dass nicht die Wächter bestochen werden, ihn entrinnen zu lassen? Oder dass er nicht durch seine Zauberkünste die Fesseln sprengt und die Kerkertür öffnet? Oder dass nicht seine Freunde einen Volksauflauf erregen, ihn zu befreien? Wer von euch getraut sich, dafür einzustehen? *(Alle schweigen)* Ich sehe wohl: keiner. So sage ich, der Hohepriester: Es ist besser, dass ein Mensch sterbe, als dass das ganze Volk zu Grunde geht! Er muss sterben.

DARIABAS

Sterben?

SADOK

Sterben?

JOSEPH VON ARIMATHÄA

Sterben?

NIKODEMUS

Sterben?

KAIPHAS

Ja Sterben! Und jetzt geht!

JOSEPH VON ARIMATHÄA

Hört nicht auf ihn!

NIKODEMUS

Hört nicht auf ihn, hört nicht auf Ihn, hört nicht auf ...

KAIPHAS

Ich bin der Hohe Priester und keiner sonst in Israel. Auf mich werdet ihr hören und nicht auf diesen Schwätzer.

NIKODEMUS

Hört nicht auf ihn! *(Einer nach dem Anderen geht)* Hört nicht auf ihn! Hört nicht auf ... *(zu Nathanel)*

KAIPHAS

Keiner hört auf ihn. *(Zu Nikodemus und Joseph von Arimathäa)* Was tut ihr noch hier? Geht hin und lauft eurem Propheten nach, dass ihr ihn noch einmal seht, ehe seine Stunde schlägt! *(Nikodemus und Joseph von Arimathäa gehen)*

ANNAS

Es senkt sich ein Strahl des Trostes und der Freude in mein Herz, da ich eure einmütige Entschlossenheit sehe. Ein unaussprechlicher Kummer lastete auf meiner Seele bei dem Anblick der reißenden Fortschritte dieses Galiläers. Sollte ich nur darum so lange gelebt haben, um den Untergang unseres heiligen Erbes zu schauen? Doch nun will ich nicht verzagen! Der Gott unserer Väter lebt und ist mit uns! Wenn ihr, Väter des Volkes, fest und treu zusammensteht, das Ziel standhaft verfolgt, so ist Rettung nahe. Habt den Mut, Retter Israels zu sein! Unsterblicher Ruhm wird euch zum Lohne werden

NATHANAEL

Wir werden nach dem Willen unseres Hohen Priesters handeln, hierin wie in allem andern.


## 4. SZENE
# Judas vor dem Hohen Rat

KAIPHAS

Solange er lebt, ist kein Friede in Israel, keine ruhige Stunde für uns!

EZECHIEL

Er kommt täglich in den Tempel, dort kann er gefangen genommen werden.

KAIPHAS

Jetzt ihn zu fangen in der Zeit des Festes, dürfte gefährlich sein. Wir können es nicht wagen, ihn gefangen zu nehmen – im Tempel oder auf offener Straße, da er überall von einer Schar begeisterter Menschen umgeben ist.

*EZECHIEL*

Wollen wir still dasitzen und bis nach dem Fest warten?

*ARCHELAUS*

Es muss jetzt geschehen.

*NATHANAEL*

Die Sache leidet keinen Aufschub.

*KAIPHAS*

Mit offener Gewalt dürfen wir nicht zugreifen. Wir müssen versuchen, ihn mit List in aller Stille gefangen zu nehmen.

*ARCHELAUS*

Den Fuchs in seiner Höhle aufzuspüren, dazu werden sich Leute finden lassen. *(Judas drängt sich auf den Platz, die Diener des Kaiphas versuchen ihn zu halten)*

*JUDAS*

Lasst mich durch!

*DATHAN*

Was drängst du dich unberufen in unsere Versammlung? Wer bist du?

*JUDAS*

Lasst mich durch! – *(zu Kaiphas)* Herr!

*KAIPHAS*

Wer bist du? Komm mir nicht zu nah! Wer bist du?

*JUDAS*

Ein Bruder.

*DATHAN*

Du? Ein Bruder?

*JUDAS*

Wenigstens wünsche ich, es zu werden. Ihr sucht Jesus von Nazareth?

*DATHAN*

Kennst du den Mann, den der Hohe Rat sucht?

*JUDAS*

Ja.

*NATHANAEL*

*(zu Dathan)* Ich habe ihn oft bei ihm gesehen.

*KAIPHAS*

Wie ist dein Name?

*JUDAS*

Ich heiße Judas Iskarioth und bin ein Jünger des Nazareners.

*DATHAN*

Ergreift ihn!

*KAIPHAS*

Haltet ein! Was willst du?

NATHANAEL

Sprich!

JUDAS

Ihr sucht Jesus von Nazareth. – Was wollt ihr von ihm?

KAIPHAS

Judas, er führt harte Worte gegen uns und ließ außer acht die Ratschläge, die ihm die Ältesten gegeben hatten.

JUDAS

Ich habe die Priester in den Vorhöfen gehört. Sie sagen, ihr wollt ihn töten.

KAIPHAS

Wer redet solch unsinniges Zeug? Steht doch geschrieben: Du sollst nicht rachgierig sein noch Zorn halten gegen die Kinder deines Volks. – Was ist an ihm? Warum bist du ein Jünger des Galiläers?

JUDAS

Ich folgte ihm nach, um zum rechten Leben zu gelangen.

KAIPHAS

Judas, ich finde Unmut in deinem Blick.

JUDAS

Nur gegen mich allein! Seit kurzem quälen mich beunruhigende Gedanken ...

KAIPHAS

Gedanken welcher Art? Rede! Wie sonst können wir dir vertrauen?

JUDAS

Meine Freundschaft mit ihm ist erkaltet.

KAIPHAS

Wie ist das gekommen? Noch vor wenigen Stunden bist du mit ihm durch die Straßen Jerusalems gezogen, und ihr habt ihn zum König ausgerufen. Wer ist dieser Jesus?

JUDAS

Er – nein. Lasst!

KAIPHAS

Sprich! Was ist es, das du mir vertrauen möchtest?

JUDAS

Ich – ich bete ihn an. In seinen Augen ist ein großes Licht. All unsere Hoffnungen lagen auf ihm. Jeden Tag, jede Nacht sprach ich zu mir: Er wird groß sein und der Herr wird ihm den Thron seines Vaters David geben, und er wird König sein über das Haus Jakob in Ewigkeit, und sein Reich wird kein Ende haben. Doch nun ...

KAIPHAS

Zweifelst du?

JUDAS

Ich will nicht darüber reden.

**KAIPHAS**

Deine Gedanken erschrecken mich, sie sind gefährlich.
Pass auf, dass nie ein Römer davon erfährt. Die Stadt ist
voll von ihren Ohren. Du kannst nicht wissen, wie es mit
mir steht – hab keine Furcht. Ich schätze deinen Rabbi.
Es verlangt mich danach mit ihm zu sprechen, deshalb –
und nur zu diesem Zweck – suche ich ihn. Ich will ihn
suchen wie ein Hirt, der seine Schafe sucht, wenn sie von
seiner Herde verirrt sind. Du weißt, wohin er sich des
Abends zurückzieht. Wärst du bereit uns den Ort seines
Aufenthalts zu zeigen? Judas, hab Vertrauen! In der Stille
und Einsamkeit der Nacht führt ihn zu mir und keiner
soll etwas davon erfahren.

**NATHANAEL**

Judas, du kannst noch ein angesehener und wohlhaben-
der Mann werden.

**JUDAS**

Ich bin bereit.

**KAIPHAS**

Nathanel, Archelaus und Ezechiel werden dich begleiten.
Es dürfte ratsam sein, dass euch einige Männer der
Tempelwache begleiten.

**JUDAS**

Bei Einbruch der Nacht erwarte ich am Tor von Betphage
eure Leute.

**KAIPHAS**

Judas, ich hätte fast vergessen – ich steh in deiner
Schuld.

**JUDAS**

Nein, Hoher Priester, ihr schuldet mir nichts.

**KAIPHAS**

Hier nimm! Dreißig Silberlinge! Eine angemessene
Belohnung für deine Mühen.
*(Judas nimmt das Geld und geht)*

**NATHANAEL**

Ihr zwitschert wie eine Schwalbe und gurrt wie eine
Taube.

**KAIPHAS**

Die Sache gestaltet sich vollkommen nach Wunsch.
Der falsche Prophet wird bald in unseren Händen sein.

## IV. VORSTELLUNG
# Jesu Mahl mit den Jüngern

*PROLOG*

Beim Mahl des Abschieds von den Seinen
feiert Jesus die Nacht, als der Herr sein Volk
    aus Ägyptens Knechtschaft befreite,
als Moses und seine Gefährten, um den Tisch
des Lammes gedrängt, ihres Gottes harrten,
    dass er sie führe in verheiß'nes Land.

Den Tod vor Augen hofft auch Jesus auf Israels
rettenden Gott und wird – bereit, bis ans Ende
    zu lieben, – selbst zum Pessachlamm.
Er schenkt sich hin in Brot und Wein,
wird Quelle des Lebens im Tod,
    lichtes Heil in Unheilsnacht,

damit das Herz der Menschen, wenn sie
sein Brot essen, sich verwandle in sein Herz,
    damit sein vergossenes Blut der Wein
des Lebens werde, damit über die Zeiten hin
seine Nähe uns stärke und zu Kindern
    des Lichts befreie.

## LEBENDES BILD
# Das Pessachmahl vor dem Auszug aus Ägypten

*ERZÄHLER*

*Schon nahet jene Stunde,*
*da Jesu Sendung sich erfüllt –*
*wie einst aus der Propheten Munde*
*der Wille Gottes ward enthüllt.*
*„An euren Opfern!", sprach der Herr,*
*„hab ich kein Wohlgefallen mehr –*
*des Menschen Herz ist mein Begehr!*
*Mir in Gehorsam soll er leben!*
*Er soll sich selbst mir vollends geben!" –*
*Und Jesus gibt sich bis zum Tod!*
*In seinem Brot*
*wird auf dem ganzen Erdenrunde*
*sein Opfer uns zum Gottesbunde! –*
*Im Mahl des Mose, das von Hoffnung auf den Herrn erfüllt,*
*erkennt das Mahl, das Jesus mit den Seinen hielt!*

    *O Herr, erhör das Flehen deines Volks in fremdem Land!*
    *O Herr, lass Heil uns sehen! Errette uns mit starker Hand!*
    *Herr, sieh unsre Bedrängnis!*
    *Sieh unser Elend in Ägyptens Fron!*
    *Hilf uns flieh'n aus Pharaos Gefängnis,*
    *der die Deinen – dir zum Hohn –*
    *in die Knechtschaft presst*
    *und nicht in Frieden ziehen lässt!*
    *Du Gott unsrer Väter,*
    *erweise aufs neue*
    *uns deine ewige Treue!*
    *Sei du unser Retter!*
    *Hör' unsere Klage!*
    *Unsre Ketten zerschlage!*
    *Mit starker Hand*
    *leite uns ins verheißene Land!*
    *In dieser Nacht steh du uns bei!*
    *O Herr, mach uns von Sklavenbanden frei!*


STIMME DES HERRN

    *Ich hörte Israels Fleh'n,*
    *eure Drangsal hab' ich geseh'n,*
    *eure Leiden, eure Tränen,*
    *euren Kummer, euer Sehnen!*
    *Was ihr gelitten habt, hab' ich mit euch getragen.*
    *In Jubel verwandle ich eure Klagen!*
    *Des Feindes Gewalt will ich euch entreißen,*
    *Ich habe auf euch acht,*
    *ich will den Weg euch weisen*
    *in euer Land, noch diese Nacht.*


CHOR

    *Der Israel befreiet hat,*
    *ewig währet seine Gnad'!*
    *Der Jesus führte aus dem Tod,*
    *der uns vereint in Jesu Brot,*
    *dessen Hand uns alle hält,*
    *wo das Böse uns umstellt,*
    *ewig währet seine Güte!*
    *Sein Erbarmen uns behüte!*

JOHANNES

Gesegnet das Licht, das immer brennt in den innersten Winkeln des Herzens!

THOMAS

Gesegnet das Herz, das Würde bewahrt! Gesegnet das Holz, das sich verbraucht, indem es das Licht entzündet.

JOHANNES

Barúch attá adonáj elohénu, mélech haolám, aschér kiddeschánu bemizvotáv weziwwánu lehadlík ner schel yom tov.

SIMON

Unser Herz möge sich erheben, unsere Seele sich beleben, wenn wir das Licht entzünden. *(Alle schweigen und Johannes zündet das Licht an)*

JOHANNES

Rabbi, warum stehst du so fern und verbirgst dein Gesicht?

PETRUS

Wir hofften auf Licht, und es kam Finsternis.

SIMON

Deine Feinde reden Arges wider dich: Wann wird er sterben und sein Name vergehen?

PETRUS

Du hast Zeichen vor den Augen der Menschen getan – und doch bekehren sie sich nicht.

JAKOBUS

Wer glaubt den Worten, die du predigst?

JAKOBUS A.

Wer vertraut Gottes Macht?

ANDREAS

Der Arm des Herrn – wem wurde er offenbar?

PETRUS

Sie kommen in Scharen, um dich zu schauen, und meinen's doch nicht von Herzen; sondern sie suchen etwas, dass sie lästern können, gehen hin und tragen's hinaus auf die Gasse.

THOMAS

Ungläubig bleiben sie und blind!

JESUS

Sie sehen und sehen es nicht. Sie hören und hören es nicht und verstehen es nicht. Das Herz der Menschen ist verstockt. Wandelt im Licht, damit euch die Finsternis nicht überfalle. Wer in der Finsternis wandelt, der weiß nicht, wohin er geht.

*PETRUS*

So ist dies alles erst der Anfang der Wehen? Sag uns: Was wird geschehen?

*JESUS*

Es werden wehklagen alle Geschlechter auf Erden. Und es wird sein wie in den Tagen Noahs, in den Tagen vor der Sintflut – sie aßen, sie tranken, sie heirateten und ließen sich heiraten, bis an den Tag, an dem Noah in die Arche hineinging, und sie beachteten es nicht, doch die Sintflut kam und raffte sie alle dahin. Darum wacht, denn ihr wisst nicht, an welchem Tag der Herr kommt! Seid bereit! Denn er kommt zu einer Stunde, da ihr's nicht meint. Dann werden vor ihm alle versammelt sein, und er wird euch voneinander scheiden, wie der Hirt die Schafe von den Böcken scheidet. Und wird zu denen sagen, die rechts von ihm sind: Kommt her, ihr Gesegneten meines Vaters, erbt das Reich, das euch bereitet ist von Anbeginn der Welt! – Dann wird er sich zu den andern wenden zu seiner Linken und zu ihnen sagen: Weg! weg von mir - ich bin hungrig gewesen, und ihr habt mir nicht zu essen gegeben. Ich bin durstig gewesen, und ihr habt mir nicht zu trinken gegeben. Ich war ein Fremder, ihr habt mich nicht aufgenommen. Ich bin nackt gewesen, und ihr habt mich nicht gekleidet. Ich war krank und im Gefängnis, und ihr habt mich nicht besucht. Sie werden ihn fragen: Herr, wann haben wir dir nicht gedient? Und er wird sagen: Was ihr nicht getan habt einem von meinen geringsten Brüdern, das habt ihr auch mir nicht getan. *(Nimmt ein Wasserbecken und beginnt ihnen die Füße zu waschen)*

*ANDREAS*

Was willst du tun?

*PETRUS*

Rabbi, du willst mir die Füße waschen?

*JESUS*

Petrus, verstehst du nicht, was ich tue?

*PETRUS*

Herr, in Ewigkeit sollst du mir die Füße nicht waschen.

*JESUS*

Du nennst mich Herr und Rabbi. Doch der Herr ist nicht größer als der Sklave und der Gesandte nicht größer als der, der ihn gesandt hat. Ich bin unter euch wie ein Diener. Folgt mir nach und handelt so, wie ich an euch handle!

*PETRUS*

Rabbi, dann nicht nur die Füße, sondern auch die Hände und das Haupt!

**JESUS**

*(Nachdem er ihnen die Füße gewaschen hat)* Was seid ihr traurig und seht mich so bekümmert an? Wohl euch! Ihr habt Augen und seht. Ihr habt Ohren und hört. Ich sage euch: Viele Propheten, viele Gerechte und Fromme sehnten sich danach, zu sehen, was ihr seht, zu hören, was ihr hört. – Kommt! Sehnlichst verlangt es mich danach, das Pessachmahl mit euch zu feiern.

**PETRUS**

Gelobt seist du, unser Gott, der du das Volk Israel geheiligt hast!

**JOHANNES**

Was unterscheidet diese Nacht von allen anderen Nächten?

**PETRUS**

In dieser Nacht führte der Herr Israel aus Ägypten heraus mit starker Hand und erhobenem Arm.

**ANDREAS**

Er zerschnitt das Schilfmeer in zwei Teile, führte Israel hindurch zwischen den Wassern.

**JUDAS**

Er führte sein Volk durch die Wüste, gab das Land zum Erbe Israel, seinem Knecht.

**JOHANNES**

Dies ist der Tag, den der Herr gemacht hat.

**JESUS**

Unser Vater in den Himmeln, dein Name sei heilig, dein Reich komme,

**PHILIPPUS**

auf der Erde geschehe dein Wille, so wie er im Himmel geschieht!

**THADDÄUS**

Gib uns täglich das Brot, das wir brauchen!

**JUDAS**

Vergib uns unsere Schuld, wie auch wir vergeben unseren Schuldnern!

**PETRUS**

Führe uns nicht in Versuchung, sondern rette uns von dem Bösen!

**JESUS**

Unsere Väter haben in der Wüste Manna gegessen und sind gestorben. Wer zu mir kommt, den wird nicht hungern, und wer an mich glaubt, den wird nimmermehr dürsten. Wer von diesem Brot isst, der wird leben in Ewigkeit. Ich bin das lebendige Brot. Ich bin das Brot des Lebens.

Baruch attá, adonáj elohénu, mélech haolám, hamozí léchem min haárez. – *(Bricht das Brot und gibt es ihnen)* Nehmt! Esst! Mein Leib. Dieses Brot ist mein Fleisch, das ich geben werde für das Leben der Welt.

*(Nimmt den Kelch)* Baruch ata Adonai elohenu melech ha-olam boray pri hagafen. Gelobet seist du, Ewiger, unser Gott, König der Welt, der du die Frucht des Weinstockes schaffst! Wer an mich glaubt, von dessen Leib werden Ströme lebendigen Wassers fließen. Trinkt! Mein Blut. Das Blut des Bundes, das vergossen wird zur Vergebung der Schuld.

*(Gibt ihnen den Kelch)* Das ist mein Gebot, dass ihr einander liebt, wie ich euch geliebt habe. Niemand hat größere Liebe als die, dass er sein Leben lässt für andere.

JOHANNES

Rabbi, so ist dies dein letztes Passahfest?

JESUS

Meine Stunde ist da. Ich muss sterben. Weint nicht über mich, weint über denjenigen, durch den ich ausgeliefert werde!

ANDREAS

Was sprichst du?

JESUS

Der mit mir das Brot isst, liefert mich aus.

MATTHÄUS

Wen meinst du?

SIMON

Von wem sprichst du?

PETRUS

Ein Verräter in unserer Mitte?

JAKOBUS A.

Wer sollte der Treulose sein?

JAKOBUS

Herr, einer von uns?

JESUS

Ja, einer von euch.

MATTHÄUS

Herr, du weißt, dass ich es nicht bin.

JAKOBUS A.

Nenne ihn doch öffentlich!

PHILIPPUS

Rabbi, bin ich es? Ich würde vor Scham in die Erde sinken, wenn ich es wäre.

THOMAS

Bin ich es?

THADDÄUS

Rabbi, bin ich es?

JUDAS

Bin ich es, Rabbi?

JOHANNES

Wer ist es?

JUDAS

Bin ich es, Rabbi?

JESUS

Freund, was du tun willst, das tu bald! *(Judas verlässt den Saal. Petrus versucht ihn aufzuhalten)* Es wäre besser für ihn, wenn er nie geboren wäre. Lasst uns von hier gehen!

# Jesus am Ölberg –
# Die Gefangennahme

*PROLOG*

Die Jubelrufe in den Gassen sind verhallt.
Schon kommen Jesus entgegen waffenstarrende
    Gewalt und Judas, einst sein Freund,

der Joab gleicht, dem Heeresführer,
der den Rivalen Amasa, zum Gruß ihn küssend,
    mit dem Schwert durchbohrte.

Unter Gethsemanis nächtlichem Himmel, allein
in der Entscheidungsstunde, schreckt Jesus
    zurück vor dem Kommenden.

Einst lag Moses vor dem Dornbusch, erschrocken
über seinen Gott, der ihn von der Herde rief, und wehrte
    sich gegen das Wort aus den Flammen.

Auch Jesus, betäubt vor dem Abgrund nahender
Hölle, fällt zur Erde. An den hohen Himmel wirft er
    seine Bitten. Aus der Tiefe
    schreit er zum Herrn des Lebens.

## LEBENDES BILD
## Der Verrat am Felsen Gabaon

*ERZÄHLER*

*Wie Joab einst beim Felsen Gabaon -*
*versündigt Judas sich am Menschensohn!*
*Ihr Felsen Gabaon!*
*Warum tragt ihr dunkle Trauer?*
*Ihr Felsen Gabaon!*
*Festgefügt steht eure Mauer,*
*wie für ew'ger Zeiten Dauer!*
*Doch seht ihr des Menschen Sinn*
*ungetreu seit Anbeginn!*
*Saget: Was erfuhrt ihr da?*
*Sagt, was hier geschah!*

CHOR DER FELSEN
>    Flieh! Flieh! Meide diese Schreckensstatt!
>    Sie sah Unheil und Verrat!
>    O fliehe diesen grauenvollen Ort!
>    Da fiel – von seines Bruders Hand durchbohrt –
>    einst Amasa, vertrauend auf der treuen Freundschaft Gruß,
>    getäuscht durch einen falschen Bruderkuß.
>    Es rührt den Stein sein Klagen: „Was tust mir du?'"

CHOR
>    Ihr Felsen teilt Amasas Schmerz,
>    beklaget Joabs treulos dunkles Herz.
>    Verstummt, ihr Felsen Gabaon,
>    und vernehmt mit Grauen,
>    was wir dort auf dem Ölberg schauen!

ERZÄHLER
>    Im Garten Getsemani!
>    Judas gibt den Meister hin!
>    Ach, mit freundschaftlichem Gruße
>    und mit einem Bruderkusse
>    gibt er mit verblend'tem Sinn
>    Jesus, seine Hoffnung, hin,
>    gibt er ihn in dunkler Nacht
>    in der Feinde Macht!

CHOR
>    O Herr, wer dich verliert,
>    wer fern von dir sein Leben führt,
>    will deine Gnade stolz verschmäh'n,
>    der wird den Weg ins Dunkel gehen!
>    Weh uns, wenn wir von dir abfallen!
>    Weh uns! Erbarmen mit uns allen!

## 1. SZENE
# Die Truppe auf dem Weg zum Ölberg

JUDAS
Seid nun ruhig! Wir nähern uns dem Ort, wohin er sich zurückgezogen hat, um die Nacht in der Einsamkeit zuzubringen.

ARCHELAUS
Judas, wenn uns die heutige Nacht Glück beschert, sollst du die herrlichsten Früchte ernten.

JUDAS
Geschieht es unerwartet, ist an eine Gegenwehr nicht zu denken.

SELPHA

Wenn wir aber von seinen Jüngern bemerkt werden,
dann ...

JUDAS

Halte deine Leute zurück! Seid unbekümmert! Er wird
ohne Schwertstreich in eure Gewalt kommen.

NATHANAEL

Judas, wie erkennen wir beim nächtlichen Dunkel deinen
Rabbi?

JUDAS

Ich eile auf ihn zu - den ich küssen werde, der ist es.

RAM

Hört ihr's? An einem Kuss sollt ihr Jesus erkennen.

ENGEL

Zieh an, Jerusalem, das Kleid deiner Trauer! Weine, du
Volk auf dem Berg Zion! Grauen und Grube wird ihm
zuteil, Schmerz und Qual. Er lässt sich sättigen mit
Schmach und bietet die Wange dem, der ihn schlägt.
Ein Gelächter ist er dem Volk, ihr Spottlied bei Tag und
bei Nacht.

JUDAS

Jetzt lasst uns eilen! Es ist Zeit. Wir sind nicht mehr weit
von Gethsemani.


LEBENDES BILD
## Die Berufung Moses' am Dornbusch

ERZÄHLUNG (CHOR)

*Aus Dornes Feuersglut,*
*lodernder Flammen Flut*
*hört Moses an Horebs heiligem Ort*
*seines Gottes drängendes Wort:*

STIMME DES HERRN

*„Moses, tritt hin vor Pharaos Thron!*
*In meinem Namen ende Israels Fron!"*

MOSES

*„Wer bin ich, daß zum Herrscher ich spreche?*
*Du kennst meine Ohnmacht, meine Schwäche!"*

STIMME DES HERRN

*„Höre, Moses! Um Israels willen*
*sollst du mein Geheiß erfüllen!"*

MOSES
"Herr, schick einen andern an meiner Stell'!"

STIMME DES HERRN
Ich bin mit dir! Folg' meinem Befehl!"

CHOR
So sendet der Herr aus flammendem Dorn
Moses hin in heiligem Zorn.
Auch Jesus kämpft mit eig'nem Widersteh'n,
betet, der Versuchung zu entgeh'n.

ERZÄHLUNG (CHOR)
Seht Jesus knien im Ölbaumhain,
bis an den Tod betrübt,
wie unter Tränen und lautem Schrein
er sich dem Vater übergibt!

CHOR
Wollt alle dann mit Jesus geh'n,
ihn leiden, dulden, sterben seh'n!

## 2. SZENE
# Am Ölberg

PETRUS
So kann dich nichts aufhalten?
JESUS
Die Welt soll erkennen, dass ich den Vater liebe und so
handle, wie es mir der Vater aufgetragen hat.
JOHANNES
Ist also die Stunde gekommen, in der du in die Hände
deiner Feinde überliefert wirst? Sie werden dich töten.
THOMAS
(zu Johannes) Er, der Tote erweckt, kann nicht sterben.
JAKOBUS A.
Was können deine Feinde dir tun – ein Wort von dir zer-
malmt alle!
JAKOBUS
Der Herr wird dich bewahren und dein Leben erhalten
und dich nicht preisgeben dem Willen deiner Feinde.
JESUS
(schweigt)
JOHANNES
Bleibe bei uns, Rabbi!

JESUS

Meine Seele ist betrübt. Was soll ich sagen: Vater, rette
mich aus dieser Stunde!? Dieser Stunde wegen bin ich in
die Welt gekommen. Es muss an mir vollendet werden,
was geschrieben steht: „Er ist zu den Verbrechern
gerechnet worden."

PHILIPPUS

So niedergedrückt sah ich ihn noch nie.

PETRUS

Rabbi, wo du hingehst, da gehe auch ich hin.

JESUS

Wohin ich gehe, dorthin kannst du mir nicht folgen.
Du wirst mir aber später folgen. In dieser Nacht werdet
ihr alle Ärgernis nehmen an mir. Der Herr wird den
Hirten schlagen, und die Schafe der Herde werden sich
zerstreuen.

PETRUS

Wenn sie auch alle Ärgernis nehmen an dir, ich niemals.

JESUS

Petrus, ich sage dir: Ehe der Hahn kräht, wirst du mich
dreimal verleugnen.

PETRUS

Und wenn ich mit dir sterben müsste, ich werde dich
nicht verleugnen.

JESUS

Simon, Simon, der Satan hat begehrt, euch zu sieben wie
man den Weizen siebt Ich aber habe für dich gebetet,
dass dein Glaube nicht aufhöre. Stärke deine Brüder!

PETRUS

Herr, ich bin bereit, mit dir ins Gefängnis und in den Tod
zu gehen.

JESUS

Meine Seele ist betrübt bis zum Tod. Meine Kräfte sind
vertrocknet wie eine Scherbe. Meine Zunge klebt am
Gaumen. Bleibt hier und wacht mit mir!

JOHANNES

Meine Seele leidet mit deiner.

JESUS

Johannes, Petrus, Jakobus, wacht mit mir!
Vater, du hast mich geliebt, ehe die Welt gegründet war.
Als ich noch im Schoß meiner Mutter war, hast du meinen Namen genannt. Du machtest meinen Mund zu
einem scharfen Schwert. Ich habe deinen Willen den
Menschen offenbart, ich habe ihnen dein Wort gegeben,
aber die Welt hat es gehasst. Vater, die Welt hat dich
nicht erkannt, ich aber habe dich erkannt. Wie wird jetzt
alles dunkel um mich her! Die Angst des Todes umfängt

mich. – Vater! (*Wendet sich zu den Jüngern*) Simon!

PETRUS

Rabbi!

JESUS

Simon, du schläfst?

PETRUS

Sieh, hier bin ich, Rabbi!

JESUS

Könnt ihr nicht eine Stunde mit mir wachen?

PETRUS

Vergib mir! Ich will mit dir wachen.

JAKOBUS

Der Schlaf hat mich überwältigt.

JESUS

Wacht und betet, dass ihr nicht in Versuchung fallt!

JOHANNES

Rabbi, wir wollen beten.

JESUS

Fremd geworden bin ich meinen Brüdern. Nur auf dich
bin ich geworfen, du, mein Gott von meiner Mutter
Schoß an. Vater, du legst mich in den Staub des Todes.
Hilf, dass nicht die Tiefe mich verschlingt, das Loch der
Grube sich nicht schließt über mir! Es naht die Stunde der
Finsternis. Wenn es nicht möglich ist, dass diese Stunde
an mir vorübergeht, so geschehe dein Wille! Doch, Vater,
wenn es möglich ist, so gehe dieser Kelch der Finsternis
an mir vorüber! – Vater, sei nicht fern von mir!
Die Schleusen der Höhe werden geöffnet. Die Grundfesten
der Erde werden erschüttert. Die Erde zerbirst. Die Sünden
der Menschen lasten auf ihr. Rette mich, Vater, verbirg
dein Angesicht nicht vor mir! Vater! Verlass mich nicht!
Sünden, Sünden der Menschen! Ihr drückt mich nieder!
Mein Vater! Vater! dein Sohn!

ENGEL

Trage die Krankheit der Menschen! Nimm die Schmerzen
auf dich! Lass dich durchbohren von ihren Verbrechen,
zermalmen von ihren Sünden! Heile sie durch deine
Wunden! Um Israels, meines Erwählten, willen habe ich
dich bei deinem Namen gerufen. An dir werde ich meine
Herrlichkeit zeigen. Ich habe meinen Geist auf dich
gelegt, um alle, die im Dunkel sitzen, aus ihrer Haft zu
befreien. Zum Licht für die Völker mache ich dich, damit
mein Heil bis an das Ende der Erde reiche.

JESUS

Ich werde nicht zurückweichen, werde mein Gesicht nicht
verbergen vor Schmähung und Speichel. Ja, Vater, dein
Wille geschehe!

**PETRUS**

Was ist das für ein Lärm? Rabbi!

**ANDREAS**

Was will diese Rotte?

**JOHANNES**

Seht! Judas an der Spitze!

**JUDAS**

*(Eilt auf Jesus zu. Küsst ihn.)* Rabbi, sei gegrüßt!

**JESUS**

Freund, du bist gekommen.

*(Zu den Soldaten)* Wen sucht ihr?

**ROTTE**

Jesus von Nazareth!

**JESUS**

Ich bin es.

**JOHANNES**

Herr, wirf sie nieder, dass sie sich nimmer erheben!

**JESUS**

Ich habe es euch gesagt, dass ich es bin. Wenn ihr also mich sucht, so lasst diese gehen!

**SELPHA**

Ergreift ihn! *(Petrus schlägt mit dem Schwert auf Malchus ein)*

**JESUS**

Petrus! Die das Schwert ergreifen, werden durch das Schwert umkommen!

**MALCHUS**

Ich bin verwundet, mein Ohr!

**JESUS**

*(Rührt das Ohr des Malchus an)* Sei unbesorgt! – Ihr seid gegen mich wie gegen einen Räuber ausgezogen mit Schwertern und mit Knüppeln. Ich saß doch täglich bei euch im Tempel und lehrte, und ihr habt eure Hand nicht nach mir ausgestreckt und mich nicht ergriffen. Aber dies ist eure Stunde, dies die Macht der Finsternis.

Seht, hier bin ich!

**SELPHA**

Fasst ihn! Bindet ihn fest, dass er uns nicht entkommt!

**NATHANAEL**

Dafür seid ihr dem Hohen Rat verantwortlich.

**BALBUS**

Aus unsern Händen wird er sich nicht mehr losreißen.

**MELCHI**

Du sollst deine Frevel teuer büßen!

CHOR

*Begonnen hat der Kampf der Schmerzen,*
*begonnen in Gethsemani.*
*O Sünder, nehmt es euch zu Herzen,*
*vergesset diese Szene nie!*
*Für euer Heil ist dies gescheh'n,*
*was auf dem Ölberg ihr geseh'n.*

ERZÄHLUNG

*Für uns ist Jesus schon bereit,*
*sich in den Tod zu geben,*
*für uns trinkt er den Kelch der Bitterkeit,*
*für unser Heil, auf dass wir sollen leben.*
*Schau hin, o Mensch, die Fesseln seiner Hand*
*sind deiner Freiheit Unterpfand!*

## Ende des ersten Teils

## des Passionsspiels

# Verhöre vor Annas und dem Hohen Rat

## PROLOG

Jesus, der Gottes Wahrheit offenbart, ihn lassen
die Mächtigen spüren ihre Gewalt. Inmitten der Nacht
wird er von Verhör zu Verhör geführt,
von Richter zu Richter gezerrt.

Doch wie Daniel einst, der Prophet, den in der Grube
der Löwen Gottes Engel beschützte, hält Jesus, vertrauend
auf Gott, den Anklagen stand,
selbst der Drohung des Todes.

Hiob, der ohne Schuld in namenloses Elend
stürzte, den als von Gott Bestraften man verhöhnte,
er gibt uns ein Bild des verachteten,
geschlagenen Knechtes des Herrn,

den lärmende Peiniger unbarmherzig bedrängen,
spottend zum grausamen Schauspiel machen.
Er wehrt sich nicht, birgt nicht
sein Gesicht vor Schmähung und Speichel.

## LEBENDES BILD
## Der Prophet Daniel in der Löwengrube

### ERZÄHLER

*Wie blutet mir das Herz!*
*Der Heilige steht vor Gericht –*
*er muss Gewalt und Bosheit tragen,*
*verraten und beschimpft, gebunden und geschlagen!*
*Wer kann in ihm den Gottessohn erkennen?*
*Zu Annas hin, zu Kaiphas fortgerissen –*
*was wird er hier, ach, was dort erleiden müssen!?*
*So seht auch Daniel, seht, wie den Propheten*
*sie verhöhnen!*

### CHOR

*„Es sterbe Daniel! Dich erfrecht er sich*
*zu lästern und zu schmähn, o König, dich!*
*Er sei vertilgt aus Babylon!"*
*So geifern frech der Neider Zungen,*
*den Tod zur Strafe haben schon*
*sie von dem König ausbedungen.*

*Ach, in den Abgrund wirft hinab*
*man Daniel, den Propheten,*
*weil seinem Gott die Ehr' er gab,*
*soll sterben er in Ketten!*
*Nun wird gleich Jesus vor Gericht*
*verhört, erneut vernommen.*
*Wo blind man ihm das Urteil spricht,*
*wie könnt' er Recht bekommen?*

*Bedenkt das Unrecht dieser Welt,*
*die Martern, Opfer ungezählt!*
*Die ihr erfahret solches Leid,*
*hofft auf des Herrn Gerechtigkeit!*

*Wo man der Wahrheit Stimm' erstickt,*
*wo sie der Mächt'ge unterdrückt,*
*da glaubt, die ihr in Ohnmacht seid:*
*Der Herr liebt die Gerechtigkeit!*

## LEBENDES BILD
# Die Verspottung des Hiob

**ERZÄHLER**

*Sehet hier Job vor Schmerzen stöhnen!*
*Ach, wem entlockt er Tränen nicht?*
*Sein Weib und seine Freunde höhnen*
*und spotten seiner ins Gesicht.*

**CHOR**

*Ach, welch ein Mensch –*
*seht Job in Schmerzen!*
*Doch trägt geduldig er die Plage.*
*Ringsum bedrängt von Hohn und Spott,*
*vertraut er hoffend seinem Gott.*

*Ach, welch ein Mensch!*
*Es kommt aus ihm kein Laut der Klage –*
*seht Jesus, wie er's schweigend trägt,*
*da Rohheit ihn beschimpft und schlägt!*
*O schenkt ihm Mitleid, da ihr seht,*
*wie er vor euch erniedrigt steht*
*in tiefster Schmach,*
*der Mann der Schmerzen!*
*Ach, welch ein Mensch!*

# 1. SZENE
## Vor Annas

**ANNAS**

Ich kann keine Ruhe finden.

**ESDRAS**

Hoher Priester!

**ANNAS**

Esdras, was geht vor in dieser Nacht? Aus allen Gassen läuft erregtes Volk zum Ölberg hinaus.

**ESDRAS**

Kaiphas hat eine außerordentliche Versammlung des hohen Rates einberufen.

**ANNAS**

Mitten in der Nacht?

**SIDRACH**

Man hört, dass dieser Galiläer in unsere Hände gefallen ist.

**ANNAS**

Geh, Esdras, eile zum Kidronstor und sieh, was dort geschieht!

**ESDRAS**

Wie der hohe Herr befiehlt. *(ab)*

**SIDRACH**

Kaiphas hat einen Jünger des Galiläers gewonnen, der ihm seinen nächtlichen Aufenthalt verraten hat.

**ANNAS**

Hat dieser Zauderer endlich gehandelt! Es wäre ein großes Glück für den Hohen Rat, wenn er gefangen wäre. – Vergebens schaue ich die Kidronsgasse hinab. Es lässt sich nichts sehen, nichts hören. Die Nacht rückt vor, doch keine Gewissheit! Jede Minute dieses Wartens ist mir mehr als eine Stunde.

**ZOROBABEL**

Esdras kommt, ich sehe ihn die Gasse herabeilen.

**ESDRAS**

Ich habe Nathanael, Archelaus und Ezechiel mit der Tempelwache gesehen. Hoher Priester, der Galiläer ist gefangen.

**ANNAS**

Glückliche Botschaft! Selige Stunde! *(Es kommen Räte, Judas und die Tempelwache mit Jesus.)*

**SELPHA**

Schont ihn nicht! Treibt ihn an!

**ROTTE**

Vorwärts! Geh, du falscher Prophet!

**NATHANAEL**

Der Wunsch des Hohen Rates ist erfüllt, der Galiläer gefangen.

**ANNAS**

Ich muss euch umarmen vor Freude.

**EZECHIEL**

Judas hat Wort gehalten.

**ARCHELAUS**

Den ganzen Hohen Rat hast du dir verbindlich gemacht.

**ANNAS**

Judas, dein Name wird in unsern Jahrbüchern einen ehrenvollen Platz einnehmen. –

**JUDAS**

Was habt ihr vor? Wie einen Verbrecher führt ihr ihn durch die Stadt. Kaiphas befahl, dass er in aller Stille zu ihm gebracht werde.

**ANNAS**

Oh Judas, es ist gut, auf den Herrn zu vertrauen und sich nicht auf Menschen zu verlassen. Noch vor dem Fest wird der Galiläer verurteilt. – Dank dir für deine eifrige und kluge Mitwirkung!

**JUDAS**

Ich habe getan, wozu ich mich verpflichtet sah, doch ...

**ANNAS**

Das Weitere ist unsere Sache. Du hast deine Schuldigkeit getan, jetzt geh.

**JUDAS**

Nein! Sprecht: Was habt ihr mit ihm vor?

**NATHANAEL**

Noch diese Nacht wird ihn der Hohe Rat verhören.

**ANNAS**

Judas, ich befürchte, man wird ein Urteil sprechen.

**JUDAS**

Ihr wollt ihn töten? Er soll sterben?

**ANNAS**

Erst wenn er tot ist, wird sich der Sturm in Kaiphas' Herz legen.

**JUDAS**

Dazu habe ich ihn euch nicht überliefert.

**ARCHELAUS**

Du hast ihn überliefert.

**JUDAS**

Für seinen Tod will ich nicht verantwortlich sein.

**ANNAS**

Das ist nicht nötig. Er ist nun in unserer Gewalt.

**JUDAS**

Weh mir! Was habe ich getan?! Sterben soll er? Nein, das wollte ich nicht, das will ich nicht.

**NATHANAEL**

Du magst wollen oder nicht, er muss doch sterben.

*(Judas geht)*

**ANNAS**

Jesus, Sohn des Zimmermanns, ich habe die Menschen sagen hören: Dieser Jesus, der Nazarener, wird die Bräuche ändern, die uns Moses überliefert hat. Nun, so rede! Gib Rechenschaft über deine Jünger, über deine Lehre, die du im ganzen Land verbreitet und wodurch du das Volk verführt hast!

**NATHANAEL**

Rede, wenn dich deine Obrigkeit fragt!

**JESUS**

Ich habe öffentlich vor der Welt geredet, ich habe immer in den Synagogen und im Tempel gelehrt, und ich habe nichts im Verborgenen geredet. Was fragst du mich? Du weißt, was ich gesagt habe.

**BALBUS**

*(Schlägt Jesus ins Gesicht)* Antwortest du so dem Hohen Priester?

**JESUS**

Habe ich unrecht geredet, so beweise, dass es Unrecht ist! Habe ich aber recht geredet, warum schlägst du mich?

**ANNAS**

Du rühmst dich, die Erkenntnis Gottes zu besitzen. Ich höre, du machst Aussätzige rein, Blinde sehend und gebietest selbst den unreinen Geistern. Sprich: Was bringst du? Eine neue Lehre?

**JESUS**

Hört auf meine Worte, so werdet ihr die Wahrheit erkennen, und die Wahrheit wird euch frei machen.

**ANNAS**

Wir sind Abrahams Kinder und sind niemals jemandes Knecht gewesen. Wie kannst du sagen: Ihr sollt frei werden?

**JESUS**

Ich sage dir: Wer Sünde tut, der ist ein Knecht der Sünde. Wenn ihr von der Sünde frei werdet, so seid ihr wirklich frei.

**ANNAS**

Willst du mich einer Sünde zeihen? Höre: Von Anbeginn der Welt hat man nicht gehört, dass jemand einem Blindgeborenen die Augen aufgetan habe. Sagen wir nicht mit Recht, dass du deine Werke durch Beelzebub, den obersten der Dämonen, tust und einen bösen Geist hast? Du bist in Sünde geboren und lehrst uns?

JESUS

Ich habe keinen bösen Geist, ich ehre meinen Vater.
Ich sage euch: Wer mein Wort hält, der wird den Tod
nicht sehen in Ewigkeit.

ANNAS

Was machst du aus dir selbst? Abraham und die
Propheten sind gestorben, du aber sagst: Wenn jemand
an meinem Wort festhält, wird er auf ewig den Tod nicht
erleiden. Bist du größer als unser Vater Abraham?

JESUS

Du nennst Abraham deinen Vater? Nun aber sucht ihr
mich zu töten, einen Menschen, der euch die Wahrheit
sagt. Wenn ihr Abrahams Kinder wärt, so tätet ihr Gottes
Werke. Warum versteht ihr denn meine Sprache nicht?

ANNAS

Weil ich sie nicht mag. Du willst auch jetzt noch trotzen,
da dein Leben in unserer Gewalt ist? Lange genug hast du
die Aussprüche unsrer berühmtesten Lehrer verhöhnt, die
frommen Gebräuche als unnütze Äußerlichkeiten bezeich-
net, die Tugend der Schriftgelehrten als Scheinheiligkeit
gebrandmarkt, das göttliche Lehr- und Priesteramt miss-
achtet. Ich weiß: Der Herr hat dich nicht gesandt. Du aber
machst, dass das Volk sich auf Lügen verlässt. – Wo habt
ihr seine Anhänger?

SELPHA

Seine Anhänger zerstreuten sich wie scheue Schafe. Und
wir fanden es nicht der Mühe wert, sie einzufangen.

## 2. SZENE
# Vor Kaiphas

DATHAN

Der Hohe Priester!

KAIPHAS

Gepriesen seien unsere Väter!

HOHER RAT

Gepriesen unserer Väter Gott!

KAIPHAS

Sind alle versammelt?

DATHAN

Alle, die du geladen hast.

KAIPHAS

So lasst uns die Sache zu einem Ende bringen.

DATHAN

Erhabener Hoher Priester, hier erscheint, wie du geboten,
der Gefangene.

*NATHANAEL*

Ehre das Haupt des Hohen Rates! Jesus von Nazareth, du bist angeklagt ... *(Joseph von Arimathäa und einige andere Priester treten auf)*

*JOSEPH VON ARIMATHÄA*

Was geschieht hier? Hoher Priester! Mitten in der Nacht lässt du den Rat zu einer Versammlung zusammenrufen, doch ich und viele von jenen, die den Galiläer verehren, sind nicht geladen.

*KAIPHAS*

Was hättet ihr hier zu suchen?

*ANNAS*

Verblendet seid ihr, mitgerissen von den törichten Worten eines Wanderpredigers, der sich gegen uns, die Priester und Schriftgelehrten, auflehnt und alle Ordnung in Jerusalem untergräbt.

*NIKODEMUS*

Kaiphas, du willst das Todesurteil über diesen Mann sprechen, ehe er vernommen wurde, ehe eine Untersuchung, ehe ein Zeugenverhör stattgefunden hat? Ist das recht und gerecht? Ist ein solches Vorgehen würdig der Väter des Volkes Gottes?

*ARCHELAUS*

Du willst den Hohen Rat einer Ungerechtigkeit beschuldigen? Kennst du die Vorschriften unseres Gesetzes?

*NIKODEMUS*

Ich kenne das Gesetz des Moses wie du und weiß, dass kein Urteil anders als nach ordentlicher Zeugenvernehmung gesprochen werden darf.

*KAIPHAS*

Nikodemus, es ist an alles gedacht. Dathan hat die nötigen Zeugen mitgebracht. – Führt sie herein!

*GAMALIEL*

Was? Jene sollen gegen ihn aussagen?

*ASER*

Unglaubwürdige Heuchler, die euch nach dem Munde reden!?

*GAMALIEL*

Kaiphas, sieh zu, was du tust! Du hältst Gericht nicht im Namen von Menschen, sondern im Namen des Herrn. Väter, Gott ist bei euch, wenn ihr Recht sprecht. Lasst euch leiten von der Furcht des Herrn! Haltet und tut das Recht! Denn beim Herrn, unserem Gott, ist kein Unrecht, kein Ansehen der Person, keine Bestechlichkeit.

*KAIPHAS*

Gamaliel, es ist genug! - Fahrt nun fort!

**NATHANAEL**

Jesus, Sohn des Joseph aus Nazareth, du bist angeklagt,
dass du das Volk zum Ungehorsam aufgereizt, die Lehre
der Väter verachtet und das göttliche Gebot der Sabbat-
heiligung verletzt hast. Du hast dir gotteslästerliche
Reden und Handlungen erlaubt. –
Hier stehen ehrenwerte Männer, die bereit sind, die
Wahrheit dieser Anklagen mit ihrem Zeugnis zu belegen.
Höre sie, und dann magst du dich verteidigen, wenn du
kannst!

**NUN**

Ich kann vor Gott bezeugen, dass dieser Mensch die
Priester und Schriftgelehrten Heuchler, reißende Wölfe in
Schafskleidern, blinde Führer der Blinden gescholten und
es ausgesprochen hat, dass man ihren Werken nicht
folgen soll.

**ELIAB**

Auch ich bezeuge dies.

**GAD**

Ich habe gesehen, wie er mit Zöllnern, Huren und
Sündern Umgang pflegte und in ihre Häuser ging, mit
ihnen zu essen.

**ZEUGEN**

Das haben auch wir gesehen.

**ELIAB**

Von glaubwürdigen Leuten habe ich gehört, dass er sogar
mit Heiden geredet, ja tagelang bei ihnen gewohnt hat.

**NATHANAEL**

Was hast du gegen diese Aussagen einzuwenden?

**ARCHELAUS**

Er schweigt. Weiß also nichts dagegen zu sagen.

**NUN**

Ich war Augenzeuge, wie er am Sabbat getan, was durch
Gottes Gesetz verboten ist.

**JOSAPHAT**

Ohne Scheu hat er am Sabbat Heilungen an Kranken und
Krüppeln vorgenommen, ja, er hat auch andere zum
Brechen des Sabbats verleitet.

**GAD**

Er hat einem Menschen geboten, sein Bett nach Hause zu
tragen, einem andern, sich im Teiche Siloah zu waschen.

**ELIEZER**

Er hat gesagt: Ich werde den von Menschen erbauten
Tempel niederreißen und in drei Tagen einen anderen
errichten, der nicht von Menschenhand gemacht ist.

**EZECHIEL**

Welch prahlerische, freche Rede! Sechsundvierzig Jahre

hat man an diesem Tempel gebaut, und er will ihn in drei
Tagen wieder aufbauen!

NATHANAEL

Was hast du gegen diese Aussagen einzuwenden? Weißt
du nichts zu antworten? Widersprich, wenn du kannst! -

ANNAS

Er redet und deutet nicht. So ist ihm der Trotz, den er
gegen mich gezeigt, noch nicht vergangen.

NATHANAEL

Ich sehe: Du glaubst, dich durch Schweigen zu retten.
Er getraut sich nicht, vor den Vätern des Volkes, vor
seinen Richtern, zu bekennen, was er vor dem Volke
geprahlt hat.

KAIPHAS

Jesus von Nazareth! Mit Ungeduld harrte ich diesem
Augenblick entgegen. Woher nimmst du deinen
Anspruch? - Wer hat dich zum Führer Israels und zum
Richter über uns bestellt? Sprich!

JESUS

(schweigt)

ANNAS

Müsste nicht die Ehrfurcht uns davor schützen, zum
Gegenstande seines Spottes gemacht zu werden?

NIKODEMUS

Er ist deiner Gesinnung ein lebendiger Vorwurf.

ANNAS

Ja, Nikodemus, schon sein Anblick ist mir lästig.

JOSEPH VON ARIMATHÄA

Ihr haltet die Ehre bei den Menschen höher als die Ehre
bei Gott.

KAIPHAS

Ich bitte euch.

NIKODEMUS

Kaiphas, was werft ihr ihm vor? Gesetzesübertretung?
Der Galiläer achte das Gesetz nicht? Hat nicht er gesagt,
man dürfe kein Jota davon wegstreichen?

NATHANAEL

Das Gesetz hat er mit Füßen getreten!

GAMALIEL

Er hat Kranke geheilt und Besessene gesund gemacht!

EZECHIEL

Die Fasten und Reinigungen hat er aufgehoben, den
Sabbat entweiht!

NATHAN

Blinde sehen, Lahme gehen!

MERERIE

Und die Aussätzigen werden rein

**ARCHELAUS**

Er ist ein Fresser und Säufer, ein Freund der Zöllner
und Huren!

**KAIPHAS**

Ruhe!

**JOSEPH VON ARIMATHÄA**

Ich bekenne, niemand kann diese Zeichen wirken, wenn
nicht Gott mit ihm ist.

**KAIPHAS**

Wenn Gott mit ihm ist? Joseph, du verlierst dich in einem
Gespinst!

**JOSEPH VON ARIMATHÄA**

Hoher Priester! Geschehen nicht Zeichen und Wunder?

**KAIPHAS**

Trau' diesen Zeichen nicht, du kannst nicht wissen,
wessen Werk sie sind.

**NATHANAEL**

Er ist ein Irrlehrer - ein Betrüger, der seine Taten nur
durch Beelzebub ausführt!

**GAMALIEL**

Wenn sein Werk von Satan stammt, wird es zerstört
werden. Stammt es aber von Gott, so könnt ihr ihn nicht
vernichten. Lasst von diesem Manne ab!

**NATHANAEL**

Niemals!

**NIKODEMUS**

Er ist unbequem und steht eurem Tun im Weg.

**ANNAS**

Als falsche Münze gelten wir ihm! Von unseren Wegen
hält er sich fern wie von Unrat.

**NIKODEMUS**

Doch die Gerechten preist er glücklich.

**GAMALIEL**

Hoher Priester, wenn dieser Mann gegen das Gesetz
verstoßen hat, so bestraf ihn, wirf ihn ins Gefängnis
- aber töte ihn nicht.

**ARCHELAUS**

Er hat sich angemaßt, Sünden zu vergeben, was doch nur
Gott zukommt.

**ANNAS**

Er hat sich über Abraham erhoben, behauptet, er sei
schon gewesen, ehe Abraham war. Er beansprucht mehr
zu sein als Salomon, der Weiseste der Führer Israels.

**NATHANAEL**

Ja, er will alles zugleich sein: Elias, David und ein neuer
Moses! Ich bitte euch, schweigt, Jesus von Nazareth,
bestehst du auf den Worten, die du im Tempel

ausgesprochen hast: „Das Reich Gottes wird euch genommen und denen gegeben werden, die die erwarteten Früchte bringen."?

EPHRAIM

Wer sollte es uns nehmen? Er?

KAIPHAS

Schweigt! Erbarmt euch eures Landes, des Tempels, eurer Weiber und Kinder und setzt nicht alles wegen eines einzigen Galiläers aufs Spiel.

ANNAS

Er ist ein Verführer und Betrüger, der unter dem Vorwand einer Sendung auf Umwälzung und Aufruhr hinarbeitet und das Volk zu religiöser Schwärmerei hinreißt. –

KAIPHAS

Ja! – Doch weit schlimmer als jeder dieser Vorwürfe ist dies: Er hat Gott seinen Vater genannt, sich zum Sohn Gottes gemacht, sich also Gott gleich gestellt.

NIKODEMUS

Was wirfst du ihm vor? Gott hat uns Söhne genannt. Sprach nicht der Herr: „Da Israel jung war, hatte ich ihn lieb und rief ihn, meinen Sohn, aus Ägypten."?

KAIPHAS

Jesus von Nazareth, wenn du der Messias, der Sohn Gottes bist, so sag es uns!

JESUS

Wenn ich es euch sage, so werdet ihr es doch nicht glauben.

KAIPHAS

Höre! Ich, der Hohepriester, beschwöre dich bei dem lebendigen Gott! Sag! Bist du der Messias, der Sohn Gottes, des Hochgelobten?

JESUS

Du sagst es – ich bin es.

KAIPHAS

*(Seine Kleider zerreißend)* Er hat Gott gelästert. Was brauchen wir noch Zeugen? Ihr habt die Gotteslästerung aus seinem Munde gehört. – Joseph, du Lehrer des Gesetzes, ich fordere dich auf, zu antworten: Was sagt das heilige Gesetz über den Gotteslästerer?

JOSEPH VON ARIMATHÄA

„Sage den Kindern Israels: Ein Mensch, der seinem Gott flucht, soll seine Missetat tragen. Wer den Namen des Herrn lästert, soll des Todes sterben. Steinigen soll ihn die ganze Gemeinde, sei er ein Eingeborener oder ein Fremdling."

KAIPHAS

Dir, ehrwürdiger Vater, gebührt es nun, den Ausspruch

über die Schuld und Strafe dieses Menschen zu tun.

JOSEPH VON ARIMATHÄA

Ich bekenne: Seinem Weg entsprechend, den ihr verdammt, dient er dem Gott unserer Väter. Er glaubt an alles, was im Gesetz und in den Propheten steht, und hat dieselbe Hoffnung auf Gott, die auch viele von uns hier haben.

KAIPHAS

O du ungläubiges und verkehrtes Geschlecht. Joseph, nicht ich, nicht der Hohe Rat – er selbst spricht das Urteil über sich

NATHANAEL

Er ist der Gotteslästerung schuldig – er sterbe!

ANNAS

Er sterbe!

ASER

Er sterbe!

NATHAN

Er sterbe!

EZECHIEL

Er sterbe!

NIKODEMUS

Ich verfluche dieses Wort. Keinen Anteil will ich haben an diesem schändlichen Blutgericht.

KAIPHAS

Aus unserem Kreis entferne dich, wenn du auf deiner Rede beharrst!

NIKODEMUS

Ich habe die Lehren des Mannes aus Nazareth gehört und seine Taten gesehen! Was ich weiß, davon rede ich. Was ich gesehen habe, bezeuge ich. Ihr aber nehmt dieses Zeugnis nicht an.

NATHAN

Was hast du hier noch zu suchen, Verräter des Hohen Rates?

JOSEPH VON ARIMATHÄA

Ich muss Nikodemus beistimmen! Man hat Jesus keine Tat nachgewiesen, die ihn des Todes schuldig macht, und man wird ihm keine nachweisen.

GAMALIEL

Eure verletzte Eitelkeit hat Jesu Reden verdreht.

JOSEPH VON ARIMATHÄA

Ihr habt euch verschworen gegen den Willen Gottes!

NIKODEMUS

Gott behütet den Weg der Gerechten. Der Weg der Frevler führt in den Abgrund.

**KAIPHAS**

*(nach einer Pause)* Niemand, Nikodemus, niemand soll uns einer Ungerechtigkeit bezichtigen. Er hat sich nicht nur gegen unser Gesetz schuldig gemacht, sondern in vielfacher Weise gegen römisches Recht verstoßen. Nicht wir, der Prokurator wird über ihn das Urteil sprechen. *(zu Selpha)* Führt den Gefangenen in den Hof und wartet auf unseren Befehl!

**JOSEPH VON ARIMATHÄA**

Was haben unsere Glaubensgenossen nicht schon leiden müssen! Wie viele Todesurteile sind gesprochen und aufs grausamste vollzogen worden! Wie kannst du, Kaiphas, einen Sohn Israels dem grausamen Römer überantworten?

**KAIPHAS**

Du verstehst diese Dinge nicht. Joseph, ich schulde dir keine Rechenschaft für meine Handlungen. – Schweigt nun, ihr Abtrünnigen!

# Jesus wird verspottet –
# Petrus verleugnet Jesus
# Judas Verzweiflung

## PROLOG

Durch das Wort des Priesters wurd' Judas gewahr,
dass Jesus sollt' im Räderwerk der Macht
zu Tode kommen. Er, der ihn ausgeliefert,
    fühlt die Last der Schuld.

Wohin, wohin, Iskariot? Wo treibt dich hin Angst
und Gewissensqual? Sieh Petrus, der ihn verleugnet,
bekehrt sich, hofft auf Erbarmen! Auch dir steht
    offen die Pforte des Heils

Doch wie Kain, dessen Hand sich gegen den Bruder
erhob, ruft Judas: „Zu groß, nicht zu vergeben ist
meine Sünde!" Wie diesen – rastlos, ruhelos,
    unversöhnt – treibt ihn zum Abgrund
        blinde Verzweiflung.

## LEBENDES BILD
# Die Verzweiflung Kains

## JUDAS

*„Ach komm, o Tod, mein Tröster! Komm, o Tod!*
*Mein Herr und Freund soll sterben.*
*Ach, so komm und tröste mich –*
*es wär' ein Ende meiner Not!*
*Soll er durch meine Schuld verderben?*
*Weh, wie konnt' den Freund ich übergeben,*
*meinen Freund hin in den Tod?*
*Verlor'n, verdorben hab ich ihn!*
*Ich kann mit meiner Schuld nicht leben.*
*Verlor'n, verdorben hab ich ihn!*
*So nehm ich selbst mein Leben hin,*
*mein Leben selber hin!"*

## CHOR

*Des Abgrunds Schleusen weiß er nicht zu schließen,*
*hoch lodert der Verzweiflung heiße Glut.*
*Zur Raserei getrieben vom Gewissen,*
*gepeitscht von aller Furien Wut,*
*eilt Judas ohne Rast umher*
*und findet keine Ruhe mehr.*

*So flieht auch Kain, doch wohin?*
*Er kann sich selber nicht entflieh'n,*
*in sich trägt er die Höllenqual.*
*Und eilet er von Ort zu Ort,*
*sie schwingt die Geißel fort und fort.*
*Wo du bist, droht sie überall!*
*Wo ist ein Ende deiner Qual?*
*Wo kann für dich noch Rettung sein?*
*Trägst ohne End du deine Pein?*

*CHOR*

*Seht, Judas stürzt ins Dunkel hin!*
*Warum hält kein Bruder ihn?*
*Lass gnädig, Herr, die ausgestoßen,*
*die ohne Trost, die Ruhelosen,*
*Verzweifelte und Verräter,*
*die Opfer, die Täter,*
*die in Ängsten, die in Sünden,*
*bei dir Ruhe und Vergebung finden!*

## 1. SZENE
## Judas irrt umher

*JUDAS*

Bange Ahnungen treiben mich umher. Das Wort bei
Annas „Er soll sterben!" quält mich, wo ich geh und steh.
Nein, nein, so weit werden sie es nicht treiben. Dahin darf
es nicht kommen! Sie haben keine Ursache dazu. Es wäre
schrecklich, wenn sie ihn ... und ich schuld daran! –
Wenn er selbst sich hätte retten wollen, so hätte er sie im
Ölgarten seine Macht fühlen lassen. Da er's dort nicht tat,
tut er's nicht mehr. Das Geld sollen sie wieder haben, das
Blutgeld. Sie müssen mir meinen Rabbi wieder heraus-
geben. Törichte Hoffnung! Sie werden mich verspotten.
Oh, Höllenqualen martern mein Innerstes.

## 2. SZENE
## Jesus wird verspottet

*SARA*

Ist das Verhör schon aus?

*ESDRAS*

Nein, es scheint die ganze Nacht in Anspruch zu nehmen.
Es entstand ein Streit unter ihnen.

AGAR

Streit? Glaubt denn einer von den Oberen oder Pharisäern an ihn?

ESDRAS

Joseph von Arimathäa, auch Nikodemus und einige aus dem Kreis der Pharisäer erhoben das Wort für diesen Galiläer. Doch seine Verteidigung ist schlecht ausgefallen.

MELCHI

Schlecht ausgefallen? Sie hat ihm doch eine gehörige Ohrfeige eingetragen. *(Die Soldaten lachen)*

PETRUS

Ich habe große Angst, mich diesem Haus zu nähern. Wie wird es Jesus ergehen? Es ist alles so still umher.

JOHANNES

Er ist nicht hier. Sollten sie ihn schon wieder fortgebracht haben?

ESDRAS

Was wollt ihr hier?

JOHANNES

Vergib! Wir sahen Leute von fern durch das Kidronstor hierher ziehen und gingen ihnen nach, zu sehen, was sich ereignet hat.

ESDRAS

Man brachte einen Gefangenen. Er wurde zu Kaiphas geführt.

SIDRACH

Doch nun verschwindet!

PETRUS

Wir wollen keine Unruhe erregen. Wir gehen.

AGAR

*(zu Johannes)* He, komm her! Hier kannst du dich wärmen.

RAM

Ein junger Kater für die alte Katze! *(lacht)*

AGAR

Vergönnt ihm doch ein Plätzchen an meiner Seite!

MEHRERE

Komm nur her!

JOHANNES

Es ist noch ein Gefährte bei mir. Dürfte er auch herkommen?

SARA

So fällt auch für mich einer ab. Wo ist er? Komm!
*(führt Petrus ans Feuer)*

**JUDITH**

*(läuft aus der Gasse)* Der Gefangene wird herausgeführt.

**MEHRERE**

Vorwärts! Geh! Oder soll man dich auf Händen tragen?

*(Jesus wird herausgeführt)*

**ZOROBABEL**

Wie ist es ausgegangen?

**SELPHA**

Die halbe Nacht haben sie um ihn gestritten. Bis zur Dämmerung müssen wir ihn bewachen, dann wird er zu Pilatus gebracht. Er soll ein Urteil über ihn sprechen.

**AGAR**

Dann kommt hierher mit eurem Gefangenen, hier ist es wärmer.

**SELPHA**

He, Kameraden, da her!

**MALCHUS**

Geh, heb deine Füße!

**BALBUS**

Hier lass ich mir`s gefallen. Wär' ich nur eher gekommen! *(Zu Jesus)* Komm her, deine Anhänger wollen dich zum König ausrufen!

**OBED**

Sehet dort, der Träumer kommt!

**LEVI**

*(Stößt ihn. Jesus fällt.)* Fort mit diesem Schwärmer, fort!

**ARPHAXAD**

Komm, steh auf!

**OBED**

Steh auf und lasse deiner Allmacht Donner brüllen, deiner Rechten Blitze glüh'n!

**MALCHUS**

Dass sie deine Stärke fühlen, stürze in den Staub sie hin! *(Einige lassen sich lachend in den Staub fallen)*

**OBED**

Brüder! Nicht zum Verderben kam er her in Herrlichkeit, alle sollen durch ihn erben Gnade, Huld und Seligkeit!

**PANTHER**

Er mag fühlen, ob`s ihm frommt, uns als König zu regieren.

**LEVI**

Ist dieser Thron dir zu schlicht, großer König?

**MALCHUS**

Setze dich! Fester! Fester! Du möchtest sonst herabfallen!

**AGAR**

Sei uns gegrüßt, du neugebackener König! Sei uns gegrüßt!

ALLE

Sei uns gegrüßt!

LEVI

*(Räuspert und spuckt ihm ins Gesicht)*
Verzeih mir, ich hab dich nicht gesehen.
*(Fährt ihm übers Gesicht. Jesus fällt.)*

PANTHER

O weh, unser König ist vom Thron gestürzt!

RAM

Was sollen wir anfangen? Wir haben keinen König mehr!

BALBUS

Du bist ja zum Erbarmen – erst ein so großer
Wundermann und jetzt so matt und kraftlos.

ARPHAXAD

Kommt! Helfen wir ihm wieder auf seinen Thron!

MELCHI

Erhebe dich, mächtiger König! Empfange aufs neue
unsere Huldigung!

PANTHER

Lob sei dir, erhabener König!

ALLE

Lob sei dir, erhabener König!

SELPHA

Er ist doch ein großer Prophet! *(Verbindet ihm die Augen,
schlägt ihn)* Sag, wer hat dich geschlagen?

ARPHAXAD

Bin ich es gewesen?

LEVI

Bin ich es gewesen?

PANTHER

Bin ich es etwa gewesen?

SELPHA

Er ist stumm und taub – ein schöner Prophet!

SARA

*(Zu Petrus)* Ich habe dich schon lange betrachtet.
Wenn ich mich nicht irre, bist du einer von den Jüngern
dieses Galiläers.

PETRUS

Ich bin es nicht, den du meinst. Frau, ich kenne ihn nicht,
weiß auch gar nicht, was du sagst.

SARA

Seht, dieser ist ein Anhänger des Galiläers!

PETRUS

Ich?

AGAR

Ja, ja, du warst bei dem Nazarener!

JUDITH

Ja, du bist einer von seinen Jüngern.

PETRUS

Nein, bestimmt – ich bin es nicht. Ich kenne diesen
Menschen nicht einmal.

AGAR

Du lügst. Freilich warst du bei ihm.

MELCHI

Ja, ich habe dich heute Nacht im Olivengarten bei ihm
gesehen.

PETRUS

Gott sei mein Zeuge, dass ich ihn nicht kenne! Ich weiß
nicht, was ihr mit mir habt. Was geht mich dieser
Jesus an?

OBED

Du kennst seinen Namen.

RAM

Jetzt hast du dich verraten.

BALBUS

Ja, ja, du bist ein Anhänger des Galiläers. *(reißt Jesus das
Tuch von den Augen)* Erkennst du deinen Rabbi nicht?

PETRUS

*(Reißt sich los und läuft davon)*

MELCHI

*(zu Jesus)* Er entgeht uns nicht. Dein ganzer Anhang wird
vertilgt werden.

SELPHA

Auf, Galiläer! Du bist lange genug König gewesen.

LEVI

Deine Herrschaft ist nun zu Ende.

*(führen ihn in den hinteren Teil der Bühne)*


3. SZENE
# Die Reue des Petrus

PETRUS

Jesus! Ich elender Mensch! Wie tief bin ich gefallen!
Dich, meinen Freund und Lehrer, habe ich verleugnet -
dreimal verleugnet! Dich, für den ich in den Tod zu gehen
versprochen hatte! Fluch meiner Untreue! Fluch meiner
schändlichen Feigheit! Dich zu verraten! Ich kann nicht
begreifen, wie ich mich so vergessen konnte. - Jesus!
Hast du noch eine Gnade für mich, eine Gnade für einen
Treulosen, so sende sie, sende sie mir! Hör die Stimme
meines reuigen Herzens! Der Verrat ist geschehen, ich
kann ihn nicht mehr ungeschehen machen.

JOHANNES

(Zu Petrus) Er wird dich nicht verlassen. Sein Blick, als er dich ansah – glaube mir, er wird dir vergeben.

PETRUS

Nimmer, nimmermehr will ich ihn lassen. Die ganze Liebe meines Herzens soll von diesem Augenblick an dir gehören, mich fest und innig an dich schließen! Und nichts, nichts soll vermögen, mich jemals wieder von dir zu trennen!

## 4. SZENE
# Judas fordert Jesus zurück

DATHAN

Der Hohe Priester! Steht auf, es ist jetzt Zeit, ihn zu Pilatus zu führen!

SELPHA

Nehmt ihn und lasst uns zum Palast des Prokurators eilen! – Freue dich, Pilatus wird dir eine Erhöhung ankündigen! Deine Erhöhung zwischen Himmel und Erde.

RAM

Dort werden dir die Raben um die Ohren singen.

ALLE

Fort mit dir! Dein Reich ist nun zu Ende!

(Sie führen Jesus ab, der Hohe Rat folgt ihnen.)

JUDAS

(Aus der Dunkelheit) Kaiphas!

ARCHELAUS

Wer spricht?

JUDAS

Kaiphas!

KAIPHAS

Wer spricht?

JUDAS

(tritt aus dem Dunkel) Kaiphas, du hast mich verführt, hast mich betrogen und mir deine Absichten verheimlicht, bis du ihn in deinen Händen hattest.

ARCHELAUS

Was drängst du dich unberufen vor den Hohen Priester?

JUDAS

Ist es wahr? Du hast ihn zum Tod verurteilt?

NATHANAEL

Fort! Man wird dich rufen, wenn man deiner bedarf.

JUDAS

Ich muss es wissen. Hast du ihn verurteilt?

**ARCHELAUS**

Er wurde der Gotteslästerung für schuldig befunden.

**JUDAS**

Und du willst ihn töten? --Wehe, Kaiphas! Du verdammst und mordest die Unschuld.

**DARIABAS**

Ruhig, Judas!

**JUDAS**

Keine Ruhe für mich! Keine für ihn! Das Blut, das Blut der Unschuld schreit zum Himmel.

**KAIPHAS**

Was verwirrt deine Seele? Rede!

**NATHANAEL**

Aber rede mit Ehrfurcht! Du stehst vor dem Hohen Priester.

**JUDAS**

Du willst jenen dem Tod überliefern, der rein ist von jeder Schuld? Das darfst du nicht. Ich erhebe Einspruch.
*(Gelächter)* Ja, lacht! Spottet mich aus!
Ich habe gesündigt. Ich habe den Gerechten verraten.
Strafe mich, Kaiphas, aber schone Jesus!

**NATHANAEL**

Du hast dich selbst angetragen und den Kauf geschlossen.

**JUDAS**

Ihr habt mich zum Verräter gemacht.

**EZECHIEL**

Besinne dich, Judas! Du hast eine ansehnliche Belohnung erhalten.

**JUDAS**

Ich will nichts mehr. Gebt den Unschuldigen heraus!

**ARCHELAUS**

Fasse dich, Unsinniger!

**JUDAS**

Die Unschuld fordere ich zurück.

**ANNAS**

Was, du schändliche Verräterseele, du willst dem Hohen Rat Vorschriften machen?

**JUDAS**

Ich eine Verräterseele? Dann zerreißt mich, ihr Teufel aus tiefster Hölle!

**ANNAS**

Judas, was erfrechst du dich?

**JUDAS**

Zermalmt mich!

**ANNAS**

Ein wahnsinniger Mensch.

**JUDAS**

Hier habt ihr euer Fluch-, euer Blutgeld! *(Wirft es hin)*

KAIPHAS

Was ließest du dich zu einer Handlung hinreißen, die du nicht vorher überlegt hast? Du hast deinen Freund verraten – ich verfolge einen Feind.

JUDAS

So soll meine Seele verderben – mein Körper zerbersten – und du, du sollst mit mir in der Hölle versinken!

JOSAPHAT

Kaiphas, dulde das nicht! Strafe diesen Verwegenen!

KAIPHAS

Er ist von Sinnen! Lasst uns gehen.

*(Die Tempelwache hält ihn zurück. Hoher Rat ab.)*

MELCHI

Nimm das Geld, und kauf dir einen Strick!

JUDAS

Wo geh ich hin, meine Schande zu verbergen, meine Qualen abzustreifen? Kein Ort ist finster genug. Kein Meer ist tief genug. Erde, tu dich auf und verschlinge mich!

Ich kann nicht mehr sein. Ich habe ihn verraten, den Besten der Menschen habe ich in die Hände seiner Feinde zur Folter, zur Hinrichtung geliefert. Wo ist ein Mensch, auf dem solche Schuld liegt? Ich verabscheuungswürdiger Verräter! –

Wie gut war er gegen mich! Wie tröstete er mich, wenn finsterer Unmut mir auf der Seele lag! Wie warnte er mich, als ich schon über schändlichem Verrat brütete! Und ich habe ihm so vergolten.

Verfluchter Satan, du hast mich blind und taub gemacht! Du hast mich zu dieser Tat verleitet, in den Abgrund mich gezogen. Kein Jünger mehr – ein Ausgestoßener – überall verhasst, von allen Menschen verabscheut, selbst von meinen Verführern ein Verräter gescholten, irre ich umher mit dieser Feuersglut in meinem Innern!

Alles flieht mich. Alles flucht mir.

Einer – einer wäre noch, dessen Angesicht ich nochmal sehen möchte – an den ich mich klammern würde. Aber dieser eine wird zu Pilatus, wird zum Tode geführt. Durch meine Schuld! Durch meine Schuld! Weh mir! Für mich ist keine Hoffnung, keine Rettung mehr.

Er ist tot, und ich bin sein Mörder.

Unselige Stunde, in der mich meine Mutter zur Welt gebracht hat! Soll ich noch länger dieses Marterleben hinschleppen? Diese Qualen in mir tragen? Wie ein Verpesteter die Menschen fliehen? Verachtet sein vor aller Welt? Nein, ich kann's nimmer ertragen! Keinen Schritt will ich weiter gehen. Hier will ich enden, enden dieses

verfluchte Leben. Hier an diesem Baum soll die unglück-
seligste Frucht hängen. Komm, du Schlange, umstricke
mich! Erwürge den Verräter!

# Jesus vor Pilatus und Herodes

## PROLOG

Der Gefangene wird vor Roms Richter geführt.
Vor einem Mächtigen dieser Welt steht Jesus,
der die Herrschaft Gottes bringt,
der im ganzen Land das Reich
des Vaters hat verkündet.

Doch Pilatus, berauscht von eig'ner Gewalt,
bleibt taub für die Stimme der Wahrheit.
Verhaftet der Finsternis, verschließt er
dem Lichte sich, befiehlt die Tötung
des einzig Gerechten.

Verstoßen als Bote Gottes wurde auch Moses,
den verblendet Pharao fragte: „Wer ist Jahwe,
dass ich auf seine Stimme hören sollte?
Nie folg ich seiner Weisung, denn fremd
ist mir euer Gott!"

## LEBENDES BILD
# Moses wird vom Pharao verstoßen

### ERZÄHLER

*Das Todesurteil, ach, es wird gesprochen!*
*Verworfen wird der Herr – der Heilige verbannt!*
*O sehet ihn! Wollt ihr ihn auch verstoßen,*
*der uns vom Himmel zugesandt?*
*Bekehret euch!*

### CHOR

*Ihr Völker all! Schaut auf zu Jesu hellem Licht!*
*Kehrt euch nicht ab, damit euch nicht*
*der Quell des Heils sich schließe,*
*dass nicht der Finsternis Gewicht,*
*Tod und Verderben bringend, sich*
*einst über euch ergieße!*

### ERZÄHLUNG

*Ach, Jesus fortgebracht -*
*ausgeliefert an Pilatus' Macht!*
*Und ihn, der kommet von den Himmeln her,*
*den Herrn, verkennt auch er!*
*Seht Moses! Seht – wie Jesus – einst verstoßen!*
*Auch ihm hat sich des Mächt'gen Herz verschlossen!*

**PHARAO**

>„Entferne dich von meinem Throne!
>Niemals wird Freiheit euch zum Lohne!"
>so spricht Ägyptens Herrscher kalt,
>„Ich habe über euch Gewalt!
>Nie sollt ihr in die Heimat kehren,
>einen andern Herrn
>als mich dort zu verehr'n!
>Du sprichst von Jahwe, einem Gotte,
>der habe dich zu meinem Thron gesandt.
>Zeig sein Gesicht!
>Sein Name ist mir unbekannt!
>Nie sollt ihr ziehen, mir zum Spotte!
>Nie werd ich folgen eurem Gotte,
>denn euren Jahwe kenn ich nicht!"

**CHOR**

>So ward geschmäht
>der große Prophet.
>Ihm ward Verachtung nur zum Lohn.
>So wird verkannt,
>der uns gesandt,
>so wird verworfen Gottes Sohn!
>Wird Gott nicht eingelassen,
>dann wird – wie in der Welt ihr seht -
>man auch die Menschen hassen!

## 1. SZENE
## Vor Pilatus

**SELPHA**

Treibt ihn an!

**PANTHER**

Soll man dich tragen?

**LEVI**

Geh nur! Deine Reise dauert ohnehin nicht mehr lang!

**MALCHUS**

Am Galgen kannst du dich ausruhen.

**DIENER**

Fort mit dir, du falscher Prophet!

**KAIPHAS**

Bleibt nun ruhig! Wir wollen uns melden lassen.

**QUINTUS**

Was wollen diese Leute?

**ARCHELAUS**

Der Hohe Rat hat sich hier versammelt. Ich stehe hier

mit der Bitte an den erhabenen Statthalter des Kaisers,
er möge den Hohen Priester empfangen.

QUINTUS

Es soll dem Statthalter gemeldet werden.

KAIPHAS

Ihr Männer des Hohen Rates, liegt euch unser Ansehen,
die Ruhe des ganzen Landes am Herzen, so bedenkt
diesen Augenblick! Er entscheidet zwischen uns und
jenem Verführer. *(Pilatus tritt auf)*

PILATUS

Was soll dieses Gebrüll? Kaiphas, warum belästigt ihr
mich?

KAIPHAS

Prokurator, ich neige mich vor dir. Ich neige mich vor
dem Kaiser, dem Vater aller Römer. Ich neige mich...

PILATUS

Ja! *(ungeduldig)* Was tut sich in der Stadt?

KAIPHAS

Ich versichere dir, ich habe die Stadt vollkommen unter
Kontrolle.

PILATUS

Und um mir dies zu sagen, treibst du deine gesamte
Priesterschaft in meinen Hof und reißt mich mitten aus
dem Schlaf.

KAIPHAS

Erhabener Stadthalter! Niemals würde ich solches wagen.

PILATUS

Warum siehst du mir nicht ins Gesicht?

CLAUDIUS

Vielleicht hat er etwas gestohlen. *(lacht)*

PILATUS

Ich will nichts hören.

KAIPHAS

Ich komme vor den Prokurator des erhabenen Kaisers mit
der Bitte, Jesus von Nazareth, der sich in vielfacher Weise
gegen unsere heiligen Gesetze aufgelehnt hat, zu
verurteilen.

PILATUS

Kaiphas, ich habe dir gesagt, ich möchte nie wieder etwas
von diesem Jesus hören. Kaiphas, sieh mich an! Du wagst
es, mich, den Statthalter des Kaisers, vorzuführen und
meine Anordnungen zu missachten. Du wagst es, einen
Straßenköter in meinen Palast zu zerren? Hat sich dieser
Jesus gegen euer Gesetz aufgelehnt, so nehmt ihn und
richtet ihn nach eurem Gesetz!

KAIPHAS

Nach unserem Gesetz hat er die Strafe des Todes verdient.

Doch niemals, Prokurator, niemals würden wir es wagen, solches eigenmächtig zu tun. Es ist uns während deiner Anwesenheit in der Heiligen Stadt nicht erlaubt, die Strafe des Todes auszusprechen. Der Kaiser hat dir das Amt gegeben.

PILATUS

Wie gut er plötzlich über die Anweisungen des Kaisers unterrichtet ist. - Ich habe dich verstanden. Du bist nicht fähig, und deshalb soll ich mir die Hände beschmutzen. Nun gut – da ihr nun einmal hier seid, werde ich es tun! Was werft ihr ihm vor?

ARCHELAUS

Wir, der Hohe Rat, kamen nach genauester Untersuchung seiner Verbrechen zu dem Urteil, dass er des Todes schuldig ist. Es scheint also nicht notwendig, dass der erhabene Statthalter die Mühe einer nochmaligen Untersuchung auf sich nehme.

PILATUS

Wie? Du wagt es, mir, dem Stellvertreter des Kaisers, zuzumuten, dass ich euch ein blindes Werkzeug zur Ausführung eurer Beschlüsse sei? Ich muss wissen, welches eurer vielen Gesetze und in welcher Weise er es übertreten hat.

NATHANAEL

Wir haben ein Gesetz, und nach diesem Gesetz muss er sterben; denn er hat sich selbst Sohn Gottes genannt.

RABINTH

Wir alle haben diese Gotteslästerung aus seinem Munde gehört.

PILATUS

Gotteslästerung?! Eure Religion langweilt mich zu Tode. Er hat sich also einen Gottessohn genannt? Um einer solchen Rede willen, die höchstens die Frucht einer schwärmerischen Einbildungskraft ist, kann ein Römer niemanden des Todes schuldig erklären. Wer weiß auch, ob nicht dieser Mann der Sohn irgendeines Gottes ist? Habt ihr ihm kein anderes Verbrechen zur Last zu legen?

KAIPHAS

Pilatus, ich habe dein Wort, dass unser Gesetz aufrechterhalten wird.

PILATUS

Ich aber habe keine Lust, meine Zeit mit eurem abergläubischen Unsinn zu verschwenden.

NATHANAEL

Seiner Versprechen erinnert er sich nicht!

**AURELIUS**

Habt ihr verstanden? Der Prokurator ist an euren religiösen Streitereien nicht interessiert.

**ANNAS**

Das ist mehr als Streit. Das ist eine Beleidigung unseres Volkes und seiner heiligsten Werte.

**PILATUS**

War das nicht die Stimme. des unerschrockenen Annas, die ich vernahm? Da ist er ja! *(Geht auf ihn zu)*

**ANNAS**

Israel ist gefangen in Elend, es wohnt unter den Heiden! Herr, steh auf, dass nicht diese Menschen die Oberhand gewinnen!

**KAIPHAS**

Doch nicht nur gegen unser Gesetz, auch gegen den Kaiser hat sich dieser Mensch schwerer Verbrechen schuldig gemacht.

**ANNAS**

Er gibt sich für den Messias, den König Israels, aus. Das ist Aufforderung des Volkes zum Abfall vom Kaiser. Ist es nicht Aufruhr, wenn er dem Volk verbietet, dem Kaiser den Tribut zu entrichten?

**PILATUS**

Ich bewundere deinen plötzlich erwachten Eifer für das Ansehen des Kaisers. – Hörst du, welch schwere Anklage diese wider dich vorbringen?

**JESUS**

*(schweigt)*

**NATHANAEL**

Sieh, er kann es nicht leugnen!

**EZECHIEL**

Sein Schweigen ist Eingeständnis seines Verbrechens.

**MEHRERE**

Verurteile ihn also!

**PILATUS**

Geht! Ich will ihn allein verhören. Meine Soldaten sollen ihn übernehmen. –

**KAIPHAS**

Was soll diese unnötige Verzögerung?

**PILATUS**

Geht! – Ihr Götter, was für ein Gesindel! Verhasst ist mir diese Stadt. *(zu Jesus)* Du hast also das Volk aufgewiegelt – man hört wunderliche Gerüchte über dich. – Gib mir Antwort! Du hast dich, so sagen sie, König der Juden genannt. Was ist an der Sache?

**JESUS**

*(schweigt)*

**PILATUS**

Du sprichst nicht mit mir? In Jerusalem flüstert man sich zu, ich sei ein grausamer Richter. Und das ist vollkommen richtig. Longinus, erklär ihm, dass er mit mir zu reden hat!

**LONGINUS**

*(Schlägt ihn)* Hast du mich verstanden? Sprich!

**PILATUS**

Jude! Die Priester beschuldigen dich, du habest dich zum König gemacht. Sprich! Was ist an der Sache?

**JESUS**

*(schweigt)*

**JULIUS**

Beende dieses Verhör und lass ihn töten!

*(Herodes tritt auf)*

**PILATUS**

Sei nicht widerspenstig gegen mich. Du weißt, ich habe Macht, dich loszugeben, und Macht, dich zu kreuzigen.

**JESUS**

Du hättest keine Macht über mich, wenn sie dir nicht von oben her gegeben wäre.

**PILATUS**

Wie? Von oben?

## 2. SZENE
# Vor Herodes

**MANASSE**

Der König von Galiläa!

**PILATUS**

König! – Ihr weilt zum Fest in Jerusalem?

**HERODES**

Wie jedes Jahr. Und jedes Jahr die gleiche Hitze und jedes Jahr der gleiche Dreck. *(sieht die vielen Priester)*
Oh – der Herr rüstet ein Heer zum Kampf?

**KAIPHAS**

Erhabener König!

**PRIESTER**

Heil und Segen dir von dem Allmächtigen!

**HERODES**

Pilatus, welch erfreuliche Kunde erklang in meinem Ohr. Ich höre, du hast den berühmten Wundermann Jesus von Nazareth als Gefangenen bei dir. Lange sehnte ich mich, ihn zu sehen, diesen Mann, über dessen Taten das ganze Land spricht, dem das Volk, wie durch einen Zauberschlag gewonnen, in Haufen nachströmt!

**PILATUS**

Wenn du so große Freude an ihm hast, dann nimm ihn dir.

**KAIPHAS**

Pilatus, was soll das?

**PILATUS**

Er ist ein Galiläer und dein Untertan.

**HERODES**

Es soll mir als ein Beweis deiner Freundschaft gelten. – Da ich ihn so unerwartet zu sehen bekomme, bin ich sehr begierig, seine Wunderkräfte zu erproben.

**KAIPHAS**

Was soll diese erneute Verzögerung? – König Herodes, der Hohe Rat hat sich dieses Volksverführers bemächtigt und bringt ihn vor den Stadthalter des Kaisers, dass er ihn bestrafe.

**PILATUS**

Kaiphas, nun lass ihm doch die Freude!

**HERODES**

So? Vieles, sehr vieles habe ich von dir durch die Sage vernommen und lange so einen Mann, über den die Länder staunen, zu sehen gewünscht. Ich habe gehört, dass du die Geheimnisse der Menschen durchschaust und Taten verrichtest, welche die Grenzen der Natur überschreiten. Lass uns eine Probe, einen Beweis deiner Wissenschaft und hohen Kraft sehen - so will ich dich mit dem Volke ehren und an dich glauben!

**KEMUEL**

Oh König, lass dich nicht beirren, er steht mit Beelzebub im Bunde!

**HERODES**

Was kümmert's mich? Höre! Wenn du erleuchtet bist wie Joseph, als er vor Ägyptens König stand, so deute auch du deinem König einen Traum! Ich stand auf der Zinne meines Palastes zu Herodium und sah die Sonne untergehen. Da stand plötzlich eine Gestalt vor mir, streckte ihre Hand aus, zeigte gegen Abend und sprach: Sieh dorthin, dort in Hesperia ist dein Schlafgemach! Kaum hatte sie's gesagt, zerfloss die Gestalt in Nebel. Ich erschrak und erwachte. Was hat dies zu bedeuten? *(Jesus schweigt)*

**PILATUS**

Ich glaube, in diesem Fache ist er nicht bewandert.

**HERODES**

So zeige uns deine vielgerühmte Wunderkraft! Mach, dass es plötzlich finster werde!

**ZABULON**

Zeige dich willig!

*DELAJA*

Bereite deinem König ein Vergnügen, um dir seine Gunst gegen die Anklagen deiner Gegner zu erwerben!

*HERODES*

Oder – erhebe dich und wandle vor uns, ohne dass du den Boden berührst –

*EHUD*

Komm, nimm Dein Schicksal in deine Hand und steig zum Himmel empor.

*HERODES*

oder verwandle wie Moses diesen Stab in eine Schlange!

*ZABULON*

Willst du nicht -

*HERODES*

- oder kannst du nicht? Es sollte dir ein Leichtes sein, man erzählt sich ja viel erstaunlichere Wunderwerke von dir. - Er regt sich nicht.

*MANASSES*

*(zu Jesus)* Wenn etwas an dir ist, warum verstummt hier deine Weisheit?

*DELAJA*

Warum zerrinnt hier wie eine Seifenblase deine Macht?

*NAASSON*

Dem dummen Volk etwas vorzuspiegeln, ist leicht. Etwas anderes ist, vor dem weisen und mächtigen König zu stehen.

*HERODES*

Ja, ich sehe wohl, die Sage, die von ihm so viel Rühmens macht, ist eitles Volksgeschwätz. Er weiß und kann nichts! Er ist ein törichter Mensch, den der Volksbeifall etwas verrückt gemacht hat.

*KAIPHAS*

König, du hast dich nun selbst davon überzeugt, dass alle seine großen Taten Lug und Trug sind. Märchen, die einzig dazu dienen, das Volk zu verführen.

*HERODES*

Er hat meinen Erwartungen durchaus nicht entsprochen. Ich versprach mir den angenehmsten Genuss, versprach mir herrliche Wunder und weiß Gott was für Redekünste.

*KAIPHAS*

Die Zeit drängt, noch vor dem Fest muss dieser Mann verurteilt werden.

*HERODES*

Johannes - ihr kennt ihn? - redete mit einer Weisheit und Kraft, die man fürchten musste. Dieser aber ist stumm wie ein Fisch.

*KAIPHAS*

König, traue diesem Menschen nicht! Er stellt sich nur als einen Toren, um ein milderes Urteil zu erschleichen.

*ANNAS*

Wenn er nicht aus dem Weg geräumt wird, so steht die Person des Königs selbst in Gefahr, denn er hat sich zum König aufgeworfen.

*HERODES*

Dieser? *(zu Pilatus)* Dieser zu einem König?

*PILATUS*

So sagt man. Er versammelte Volksmassen zu Tausenden, und erst vor wenigen Tagen, hat er....

*HERODES*

... in Jerusalem Einzug gehalten, auf einem Esel, umgeben von Weibern und Kindern – ich hab es vernommen.

*PILATUS*

Er ist dein Untertan. Gefällt es dir, so richte über ihn!

*HERODES*

Du räumst mir das Richteramt ein? Wie kann ich in einem fremden Gebiete Richter sein?

*DELAJA*

Der Statthalter scheint sich dem König wieder annähern zu wollen.

*HERODES*

Nein, Pilatus, am Tod eines Königs will ich nicht schuldig sein. Ich will ihm einen Königsmantel schenken und ihn förmlich zum König aller Narren ausrufen. Mein Ausspruch ist: Er ist ein einfältiger Mensch und der Verbrechen, die ihr ihm aufbürdet, gar nicht fähig. Hat er etwas Gesetzwidriges getan oder gesprochen, so ist das seiner Einfalt zuzurechnen.

*PILATUS*

König, habe acht, dass du dich nicht täuschest!

*HERODES*

Ich täusche mich nicht. Den lasst nur laufen! Er ist nicht wert, dass ihr um seinetwillen euch Mühe macht. *(geht ab)*

## 3. SZENE
# Geißelung Jesu

*PILATUS*

So bleibt denn alles wieder mir. Ich frage dich zum dritten Mal: Du wirst beschuldigt, du habest dich zum König der Juden gemacht. Sprich! Bist du ihr König?

*JESUS*

Mein Reich ist nicht von dieser Welt. Wenn mein Reich von dieser Welt wäre, so hätten meine Diener für mich gekämpft, dass ich nicht in die Hände meiner Feinde gefallen wäre.

*PILATUS*

Es gibt jetzt viele Diener, die ihren Herren davongelaufen

sind. Meine Geduld neigt sich dem Ende. Oh, dass du nicht geboren wärst!

JESUS

Ich bin dazu geboren und in die Welt gekommen, dass ich der Wahrheit Zeugnis gebe. Der hört meine Stimme, der aus der Wahrheit ist.

PILATUS

Was ist Wahrheit? *(nimmt eine Geißel und schlägt ihn)*

LONGINUS

Das ist Wahrheit.

PILATUS

Zum letzten Mal: Bist du der König der Juden?

JESUS

Du sagst es.

KAIPHAS

Nun hat er es ausgesprochen.

QUINTUS

Pilatus, er hat sich zum König über Israel aufgeworfen. Er ist ein Hochverräter gegen Rom. Kreuzige ihn also!

ANNAS

Er ist ein Verbrecher gegen unser Gesetz und ein Verbrecher gegen den Kaiser!

NATHANAEL

Verurteile ihn.

PILATUS

Schweigt!

KAIPHAS

Verurteile ihn!

MEHRERE

Verurteile ihn!

PILATUS

Schweigt! *(nach einer langen Pause)* Hüte dich, Hoher Priester! *(Zu Jesus)* Nun bete, Jesus von Nazareth, du König der Juden, bete zu deinem Gott! Und hoffe, dass er dir in dieser Stunde hilft!

ARCHELAUS

Was hat er vor?

PILATUS

Mäßige deine Neugierde und warte ab! *(zu Longinus)* Geißelt ihn!

LONGINUS

So komme, Majestät, und erlaube mir, dich zu begleiten!

DOMITIUS

Welche Ehre für uns, an der Seite des angebeteten Judenkönigs zu gehen!

LONGINUS

*(reißt ihm das Gewand herunter)* Geißelt Ihn!

GAJUS

Schlagt zu!

LONGINUS

Schont nicht eure Kräfte!

CASPIUS

Schlag zu – und wenn er auf der Strecke bleiben sollte!

SABINUS

Ich kann nicht mehr, meine Arme werden müde.

CASPIUS

Was? Müde? Mit jedem Schlag wachsen meine Kräfte.

CLAUDIA

*(Stürmt auf den Platz)* Hört auf! Hört auf! Ihr schlagt ihn
ja zu Tode!

BRUTUS

Wie kann er sterben? Er ist doch Gott! *(Alle lachen und
schlagen weiter – Jesus bricht zusammen)*

CLAUDIA

Pilatus, ich bitte dich, lass ihn frei! Ich habe heute Nacht
seinetwegen in einem Traum Angst und Schrecken
gelitten.

PILATUS

Auch mich verfolgen Träume, Claudia. Es ist diese ver-
dammte Hitze in diesem Land, die uns nicht schlafen
lässt.

CLAUDIA

*(stellt sich einem Geißler in den Weg)* Pilatus, spotte
nicht! Glaub mir, ich habe einen Gerechten gesehen,
einen einzigen Gerechten, umgeben von Unrecht und
Gewalt.

PILATUS

*(zieht Claudia zur Seite)* Fahrt jetzt fort! Doch schlagt ihn
nicht zum Krüppel! Ich brauch ihn noch.

LONGINUS

Jetzt hat er genug! Du erbarmenswerter Judenkönig!

PILATUS

Doch was ist das für ein König? Führt kein Szepter in der
Hand? Trägt keine Krone auf dem Haupt?

BRUTUS

Da lässt sich helfen – er soll königlich ausgestattet
werden.

SABINUS

Gedulde dich ein Weilchen, ich bin gleich zurück!

MILO

Du musst ein echter König werden.

BRUTUS

Seht hier diesen prächtigen Königsmantel! Das ist gewiss
ein allerliebster Schmuck für einen Judenkönig.

MILO

Nicht wahr, eine solche Ehre hättest du dir nicht
erwartet?

BRUTUS

Komm, lass dir den Purpurmantel umhängen!

SABINUS

Und hier eine herrlich ausgezackte Krone! *(Setzt sie ihm
auf)* Lass dich ansehen! *(Gelächter)*

CASPIUS

Damit sie ihm aber nicht vom Haupt fällt, muss man sie
ihm fest aufsetzen. Kommt, Brüder! Helft mir! *(drücken
ihm mit zwei Stangen die Krone auf das Haupt)*

TITUS

Und hier – das Szepter! Jetzt geht dir nichts mehr ab.
Welch ein König!

PEDIUS

Sei uns gegrüßt, großmächtigster Judenkönig!

ALLE

*(werfen sich vor ihm nieder)* Sei uns gegrüßt,
großmächtigster Judenkönig!

PILATUS

Seht! Welch ein Mensch! Seht ihn euch an, ihr Priester,
und lasst euch warnen! Dient dem Kaiser mit Furcht und
küsst seine Füße mit Zittern, dass er nicht zürne und ihr
nicht umkommt!

KAIPHAS

Pilatus, weißt du, was du da sagst?

PILATUS

Ich weiß, was ich sage. Kaiphas, du hast mir von den
Vorfällen im Tempelbezirk erzählt. Hunderte haben diesen
Jesus in die Vorhöfe begleitet, ihn Sohn Davids genannt,
ihm Kleider vor die Füße geworfen und Palmen gestreut.
Das Volk liebt diesen Träumer. Ich will ihnen nun eine
Freude machen.

KAIPHAS

Was hat dies zu bedeuten?

PILATUS

Nach altem Herkommen werde ich zum Passahfest einen
Gefangenen losgeben. Ich werde dem Volk einen König
schenken.

AURELIUS

*(lacht laut)* Sie werden sich glücklich fühlen, einen so
schmucken König zu bekommen.

PILATUS

Kaiphas! Hör auf die Stimme deines Volkes! Sie wollen
einen König, und ich gebe ihnen einen König. Doch mit
diesem König werdet ihr ein Spott und Hohn sein unter

allen Völkern. Kommt her! Beugt eure Knie und verneigt euch vor dem Träumer!

*KAIPHAS*

Niemals! Pilatus, du machst uns zum Gespött. Du willst Jesus von Nazareth nur deshalb freigeben, damit er das Volk aufwiegelt, den Glauben schmäht und das Volk unter die römischen Schwerter führt. Das Volk von Jerusalem weiß, dass du es mit großem Hass verfolgst und ihm noch viele Qualen zufügen wirst, aber verderben kannst du es nicht. Gott wird es behüten. Er wird unsere Gebete erhören, und auch der mächtige Kaiser wird uns hören und uns schützen vor dem Verderber Pilatus. Hörst du, Pilatus?!

*PILATUS*

Ich habe gehört – ich habe deine Stimme gehört! Die krächzende Stimme eines Mannes, den ich vor nicht allzu langer Zeit auf den Stuhl des Hohen Priesters gehoben habe! Kaiphas, hier in Jerusalem gilt von nun an einzig die Stimme des Prokurators. Nimm dich vor mir in acht! Ich wiederhole, nimm dich vor mir in acht! --
Geht und vergesst euren König nicht!

*KAIPHAS*

Wir wollen diesen König nicht.

*PILATUS*

Ich werde mich mit diesem Jesus nun nicht mehr be-fassen! *(will gehen)*

*KAIPHAS*

Du höhnst und spottest unser. *(zu den Priestern)* Geht hin in die Straßen und Gassen unserer Heiligen Stadt und fordert unsere Getreuen auf, hierher zu kommen! Die Wankelmütigen sucht zu gewinnen durch die Kraft eures Wortes! Die Anhänger des Galiläers aber schüchtert ein, dass keiner es wagt, sich hier blicken zu lassen!

*EZECHIEL*

Wir kommen bald wieder zurück.

*NATHANAEL*

Jeder mit einer begeisterten Schar!

*JOSAPHAT*

Aus allen Gassen Jerusalems wollen wir das erregte Volk vor das Richthaus führen.

*ARCHELAUS*

Pilatus höre den vielstimmigen Ruf: Den Galiläer ans Kreuz!

*ALLE*

Den Galiläer ans Kreuz! *(Gehen bis auf Kaiphas und Begleiter ab)*

*KAIPHAS*

*(zu Pilatus)* Ich, der Hohe Priester von Judäa, werde

zeitlebens den Glauben und das Volk schützen. Hörst du, Pilatus? *(Kaiphas und Begleiter ab)*

PILATUS

Dieser Kaiphas ist mir lästig. – Führt ihn weg, ins finsterste Loch!

ERZÄHLER

*O Jesus, König!*
*Zum Hohn*
*wardst du gekrönet!*
*Ach, mit welcher Kron'*
*und welch Szepter in der Hand!*
*In Purpur seh'n wir dich gekleidet,*
*der Spötter Lust sich an dir weidet.*
*Warum erträgst du Schmerz und Spott?*
*Was bringt, o Herr, dich in die Not?*

CHOR

*Seht, welch ein Mensch!*

ERZÄHLER

*Jesus! König! Zum Hohn gekrönet!*

CHOR

*Wo ist an dir der Gottheit Spur?*
*Ein Spiel der rohen Henker nur!*
*Seht, welch ein Mensch!*

ERZÄHLER

*Geschmäht! Geschunden!*

CHOR

*Welch ein Mensch!*

ERZÄHLER

*Es hat die Liebe dich gebunden!*
*Aus Lieb' empfingst du deine Wunden!*

CHOR

*Seht den König!*

ERZÄHLER

*Ach, uns're Schuld!*
*Herr, dein' Geduld!*
*Du leidest für uns,*
*duldest für uns,*
*uns all zu erlösen*

CHOR

*uns zu erlösen.*

# Jesu Verurteilung durch Pilatus

*PROLOG*

Seht! In dem Mann der Schmerzen,
dem aller Würde beraubten,
gellend niedergeschrienen,
    wehrlos ohnmächtigen,

enthüllt die Liebe Gottes sich
und, verborgen unter Schmach,
tritt vor uns des Himmels
    und der Erde neuer König,

der mit Gewalt nicht, nur in Liebe herrscht,
der, bis zum Letzten dienend, uns an sein Herz hinzieht
und alles Sehnen, allen Hunger stillen wird!

Ihn, den dorngekrönten König, lasst uns rühmen,
wie in Ägypten das Volk mit Freudengesang
Joseph empfing, der es aus Hungersnot errettet!


*LEBENDES BILD*
## Joseph wird als Retter Ägyptens gefeiert


*CHOR*

*Laut soll es durch Ägypten schallen:*
*Es lebe Joseph, hoch und hehr!*
*Und tausendfach soll's widerhallen:*
*Des Volkes Retter, Freund ist er!*
*Und aller Stimmen froher Klang*
*ertöne dir zum Lobgesang!*


*ERZÄHLUNG*

*Du bist Ägyptens Heil und Freude!*
*Befreist das Land aus Not und Leid!*
*Dich, Joseph, preist Ägypten heute*
*als Retter - voller Dankbarkeit.*

> Es lebe Joseph, hoch und hehr!
> Und tausendfach soll's widerhallen:
> des Volkes König - Retter er!
> Und aller Stimmen froher Klang
> ertöne dir zum Lobgesang!

## Die Verurteilung durch Pilatus

JOHANNES

Was geschieht in der Stadt? Aus allen Gassen läuft erregtes Volk zusammen. Ich wage mich nicht mehr auf die Straße!

NIKODEMUS

Dass ihr nicht wachsamer wart! Wo ist Petrus geblieben?

JOHANNES

Ich sah ihn zuletzt in den Vorhöfen des Hohen Priesters. Bis dorthin sind wir Jesus gefolgt. In der Menschenmenge haben wir uns verloren. Nikodemus, wie wird es Jesus ergangen sein, seit ich ihn im Hof des Kaiphas zum letzten Mal gesehen habe?

NIKODEMUS

Johannes, die Priester haben den Palast verlassen. Früh am Morgen haben sie Jesus zum Statthalter geführt, doch niemand weiß, was dort geschieht.

JOHANNES

Er selbst hat es uns gesagt: Der Menschensohn wird den Hohenpriestern und Schriftgelehrten übergeben, sie werden ihn an die Römer ausliefern. Diese aber werden ihn verspotten, geißeln und töten.

NIKODEMUS

Pilatus gilt ein Menschenleben nicht viel.

JOHANNES

Möge Gott den Sinn des Statthalters zur Gerechtigkeit lenken, dass er die Unschuld schützt!

NIKODEMUS

Johannes, Himmel und Erde werden vergehen; aber seine Worte werden nicht vergehen. Er hat uns gemahnt, zu beten und zu glauben - jetzt müssen wir seinem Wort vertrauen!

JOHANNES

Was ist das für ein Geschrei?

NIKODEMUS

Kommt! Fort von hier!

GAMALIEL

*(mit einer Gruppe)* Nikodemus!

**NIKODEMUS**

Gamaliel! Was geschieht in der Stadt? Was ist das für ein Lärm?

**GAMALIEL**

Niemand weiß, was im Palast des Prokurators geschah.

**SIMON VON BETHANIEN**

Aus allen Häusern und Gassen treiben Kaiphas und der Hohe Rat ihre Anhänger zusammen.

**JOSEPH VON ARMIATHÄA**

Sie fordern die Freigabe des Barabbas.

**SIMON VON BETHANIEN**

Uns bleibt keine Zeit, unsere Freunde zu benachrichtigen.

**GAMALIEL**

*(Zu seiner Gruppe)* Ihr aber fordert die Freigabe Jesu!

**EINIGE**

Wir kommen mit euch. *(Volk aus den Gassen)*

**NATHANAEL**

*(aus der Gasse)* Ich fordere euch auf! Rettet unser heiliges Gesetz!

**ANDERE**

Ihr seid unsere Väter! Für eure Ehre stehen wir ein!

**EZECHIEL**

Schüttelt es ab, das Joch des Verführers!

**EINIGE**

Wir wollen nichts mehr wissen von ihm!

**ANDERE**

Euch folgen wir.

**ARCHELAUS**

Folgt dem Hohen Rat! Er wird euch retten!

**EINIGE**

Ihr seid unsre wahren Freunde.

**ANDERE**

Wir wollen frei sein von dem falschen Lehrer, dem Nazarener!

*(Kaiphas, Annas und der Hohe Rat treten auf)*

**ANNAS**

Kommt, Kinder! Werft euch in die Arme des Hohen Rates! Es wird euch retten.

**KAIPHAS**

Eurer Väter Gott wird euch wieder aufnehmen.

**ARCHELAUS**

Es lebe der Hohe Rat!

**EINIGE**

Es leben unsere Lehrer und Priester!

**ANNAS**

Und der Galiläer sterbe! Seinen Tod lasst uns fordern!

NATHANAEL
> Der Nazarener soll sterben!

EINIGE
> Der Nazarener soll sterben!

ARCHELAUS
> Er hat das Gesetz verfälscht.

NATHANAEL
> Er hat Moses und die Propheten verachtet!

EZECHIEL
> Er hat Gott gelästert!

KAIPHAS
> In den Tod mit dem falschen Propheten!

AMAN
> Der Gotteslästerer soll sterben!

EINIGE
> Er sterbe!

ANDERE
> Er sterbe!

KAIPHAS
> Wir ruhen nicht, bis das Urteil gesprochen ist.

NIKODEMUS
> Kaiphas! Warum hast du in deinem Herzen beschlossen, dies zu tun?

NATHANAEL
> Seht dort - Nikodemus mit seinem Anhang! Welch kläglicher Haufen!

NIKODEMUS
> Brüder, hört nicht auf sie! Welchen der Propheten haben sie nicht verfolgt!?

NATHANAEL
> Haltet euch an eure Priester und Lehrer! Fort mit jedem, der sich gegen sie erhebt!

GAMALIEL
> Ihr nennt euch Lehrer – ihr seid voll Ungerechtigkeit, Bosheit und Neid. Glaubt ihnen nicht! Sie verleumden, treiben üble Nachrede, sind überheblich, hochmütig und prahlerisch, ohne Liebe und Erbarmen.

NIKODEMUS
> Brüder! Wir sind Zeugen für alles, was Jesus von Galiläa bis hierher in Jerusalem getan hat, wie er im Land umherzog, Gutes tat und alle heilte, die in der Gewalt des Bösen waren. Ihn wollt ihr töten? Geht fort von hier!

KAIPHAS
> Nikodemus! Wir wollen sehen, wer obsiegen wird, ihr – mit eurem Anhang von Huren, Zöllnern und Heiden oder wir mit unserem Anhang, der dem Gesetz folgt.

**NATHANAEL**

Folgt dem Hohen Rat und lasst euch von jenen nicht beirren!

**EINIGE**

Euch folgen wir.

**ANDERE**

Es lebe der Hohe Rat!

**EINIGE**

Es lebe der Hohe Rat!

**KAIPHAS**

O frohlocket, dass ihr dem namenlosen Verderben entronnen seid, das dieser Betrüger und seine Anhänger über euch bringen wollen!

**ANNAS**

Nur das rastlose Bestreben eurer Väter wird euch vor dem Abgrund bewahren. Fluch dem, der nicht zu seinem Tode stimmt!

**EINIGE**

Wir fordern seinen Tod.

**ANNAS**

Ausgestoßen aus der Gemeinde sei er! Keinen Anteil soll er haben am Erbe unserer Väter!

**KAIPHAS**

Der Statthalter will euch zum Passahfest den Gotteslästerer freigeben. Lasst uns auf der Loslassung des Barabbas bestehen!

**NATHANAEL**

Barabbas werde frei!

**ARCHELAUS**

Der Nazarener gehe zu Grunde!

**EINIGE**

Der Nazarener gehe zu Grunde!

**KAIPHAS**

Schönster Tag! Diese Stunde gibt uns die Ehre und euch die Freiheit zurück. Seid standhaft! Fordert nun mit Ungestüm das Urteil!

**EINIGE**

Der Nazarener soll sterben!

**ANDERE**

Sterben!

**MEHRERE**

Sterben! *(Die ersten Römer treten auf.)*

**POMPONIUS**

Aufruhr! Empörung!

**KAIPHAS**

Zeigt Mut! Unerschrocken harrt aus! Die gerechte Sache schützt uns.

ARCHELAUS

Pilatus spreche das Todesurteil!

EINIGE

Das Todesurteil!

ANDERE

Das Todesurteil!

POMPONIUS

Stille! Ruhe!

NATHANAEL

Nein! Wir ruhen nicht, bis Pilatus den Barabbas losgibt.

POMPONIUS

Pilatus wird sogleich erscheinen. *(Römische Soldaten treten auf, dann Pilatus.)*

EZECHIEL

Barabbas gib frei!

EINIGE

Barabbas!

MEHRERE

Barabbas!

EINIGE

Barabbas gib frei!

KAIPHAS

Statthalter, höre die Stimme des Volkes von Jerusalem!

NIKODEMUS

Das ist nicht das Volk von Jerusalem, es ist ein aufge-hetzter Pöbel.

KAIPHAS

Sieh! Es stimmt in unsere Klagen ein, es verlangt den Tod des Nazareners!

EINIGE

Wir verlangen seinen Tod!

NIKODEMUS

Gib ihn frei, er ist ohne Schuld.

EINIGE

Gib ihn frei!

EZECHIEL

Am Kreuz soll er seine Frevel büßen!

PTOLOMÄUS

Ans Kreuz!

EINIGE

Ans Kreuz mit ihm!

ANDERE

Kreuzige –

MEHRERE

Kreuzige ihn!

PILATUS

Ruhe! Kaiphas, du erstaunst mich. Männer von

Jerusalem! Ihr verlangt die Freilassung des Aufrührers Barabbas. Die Freilassung eines Mörders?! Ich hoffe, dies ist ein Irrtum. Niemals wird Barabbas auf freien Fuß gesetzt werden. Niemals! – Hört! Es ist Gewohnheit, dass man euch auf das Fest einen Gefangenen losgibt. Seht diesen Menschen! Seht – euer König! Ich schenke ihn euch. Nehmt euren König und verschwindet!

JOSAPHAT

Hinweg mit diesem! Den Barabbas gib uns los!

PRIESTER

Den Barabbas gib uns los!

KAIPHAS

Du wirst den freigeben, den das Volk verlangt.

PRIESTER

Kreuzige ihn!

JOSEPH VON ARMIATHÄA

Gib ihn frei! Er ist ohne Schuld!

EINIGE

Kreuzige ihn!

ANDERE

Gib ihn frei!

EINIGE

Kreuzige ihn!

ANDERE

Gib ihn frei! Er ist ohne Schuld!

EINIGE

Kreuzige ihn!

PILATUS

Wie? Euren König soll ich ans Kreuz schlagen lassen?

ANNAS

Wir haben keinen König als allein den Kaiser.

NATHANAEL

Barabbas lebe!

EINIGE

Barabbas lebe!

NATHANAEL

Über den Nazarener sprich das Todesurteil!

EZECHIEL

Zum Tode mit dem Nazarener!

EINIGE

Zum Tode!

MEHRERE

Barabbas lebe!

EINIGE

Jesus! Jesus gib frei!

PRIESTER

Barabbas werde frei!

*EINIGE*

Barabbas!

*ANDERE*

Jesus werde frei!

*MEHRERE*

Barabbas werde frei!

*PILATUS*

Ich verstehe euch nicht. Vor wenigen Tagen habt ihr diesen Mann, Jubel und Beifall jauchzend, durch die Gassen Jerusalems begleitet. Ist es möglich, dass ihr heute Tod und Verderben über ihn ruft?

*KAIPHAS*

Sie haben endlich eingesehen, dass sie von einem Abenteurer betrogen worden sind, der sich anmaßt, sich Messias, König Israels, zu nennen.

*NATHANAEL*

Jetzt sind ihnen die Augen aufgegangen, da sie sehen, wie er sich selbst nicht helfen kann, er, der ihnen Freiheit und Heil versprach.

*ANNAS*

Israel will keinen König, der sich fangen und binden und allen Spott mit sich treiben lässt.

*ARCHELAUS*

Er sterbe, der falsche Messias, der Betrüger!

*EINIGE*

Er sterbe!

*ANDERE*

Ans Kreuz mit ihm!

*KAIPHAS*

Pilatus! Wenn du diesen loslässt, bist du kein Freund des Kaisers.

*PILATUS*

Wiederhole das! Wiederhole das, Kaiphas!

*KAIPHAS*

Wenn du diesen loslässt, bist du kein Freund des Kaisers.

*PILATUS*

Hüte dich, Hoher Priester! Hüte dich!

*KAIPHAS*

Du drohst mir? Jesus von Nazareth hat sich zum König aufgeworfen. Und wer sich zum König aufwirft, ist ein Rebell wider den Kaiser.

*NATHANAEL*

Und dieser Rebell soll ungestraft bleiben und fernerhin den Samen des Aufruhrs ausstreuen?

*ARCHELAUS*

Es ist die Pflicht des Statthalters, ihn aus dem Weg zu schaffen.

PRIESTER

Kreuzige ihn!

EINIGE

Kreuzige ihn

ANDERE

Kreuzige ihn!

MEHRERE

Kreuzige ihn!

KAIPHAS

Haltet ein! Wir haben unsere Schuldigkeit als Untertanen des Kaisers getan und diesen Rebellen überliefert. Wenn du, Pilatus, unsere Anklage nicht beachtest, so sind wir frei von Schuld - du allein bist dann dem Kaiser für die Folgen verantwortlich.

ANNAS

Wenn um dieses Menschen willen Unruhe und Empörung entsteht, so wissen wir, wer die Schuld daran trägt, und der Kaiser wird es auch erfahren. Mit Staunen wird man in Rom vernehmen, dass des Kaisers Statthalter einen Hochverräter in Schutz genommen hat.

NATHANAEL

Du wirst ihn hinrichten lassen, sonst wird keine Ruhe im Lande.

KEMUEL

Richte! Urteile über ihn!

EINIGE

Richte!

ANDERE

Urteile über ihn!

KAIPHAS

Es sei mir eine Frage erlaubt! Warum richtest du diesen so zaghaft, da du doch vor nicht langer Zeit Hunderte, die nur einiges aufrührerische Geschrei ausstießen, ohne Gericht und Urteilsspruch durch deine Soldaten hin-morden ließest?

PILATUS

Kaiphas, wisch dir den Schaum von den Lippen! Du weißt, die Verbrechen des Barabbas wiegen ungleich schwerer als die des Nazareners. Mit seinem Anhang gedachte dieser in Jerusalem einzudringen, die römische Besatzung zu überwältigen und sich zum Beherrscher des Volkes aufzuwerfen. Das habt ihr offenbar vergessen. Ich frage dich: Willst du es dir angesichts dieses Versäumnisses noch einmal überlegen?

KAIPHAS

Wir werden nicht von der Stelle gehen, bis du das Urteil über den Feind des Kaisers ausgesprochen hast.

*JOSAPHAT*

Ja, wir gehen nicht mehr von der Stelle, bis das Urteil gesprochen ist.

*KEMUEL, DARIABAS, RABINTH, AMIEL*

Kreuzige ihn!

*EINIGE*

Kreuzige!

*ANDERE*

Kreuzige ihn!

*PILATUS*

Wasser! – Es ist schwül, wir werden ein Gewitter bekommen. – Julius, bringt Barabbas und die beiden anderen Aufrührer und Mörder aus dem Gefängnis hierher! Barabbas sei auf eure Forderung hin frei. Führt ihn fort – zum Stadttor hinaus, dass er nie mehr diesen Boden betrete! Doch wisse, Hoher Priester, fortan wirst du keine Ruhe mehr haben. Bei allem, was nun geschieht, ich wasche meine Hände in Unschuld! Noch heute geht eine Botschaft nach Rom, dass du, Kaiphas, Aufrührer gegen Rom der Todesstrafe entziehst. – Das Todesurteil über diesen Juden, Jesus von Nazareth, werde schriftlich abge-fasst und öffentlich verkündet.

*ANNAS*

Wir werden den heutigen Tag segnen und mit dankbarer Freude den Namen Pontius Pilatus aussprechen.

*NATHANAEL, EZECHIEL, ARCHELAUS*

Es lebe unser Statthalter!

*MEHRERE*

Es lebe Pontius Pilatus!

*FAUSTUS*

Wollt ihr gehen!? Stoßt sie fort, den Auswurf der Menschheit!

*LONGINUS*

Das gibt eine würdige Gesellschaft für euren König auf seinem letzten Weg!

*PILATUS*

*(Zu den zwei Mördern)* Von euch und euren Taten soll heute die Erde gereinigt werden. Ihr sollt am Kreuz sterben. - Das Todesurteil werde nun kundgemacht!

*AURELIUS*

Ich, Pontius Pilatus, des Kaisers Claudius Tiberius Statthalter in Judäa, spreche hiermit das Todesurteil über Jesus aus Nazareth, welcher angeklagt ist, dass er das Volk zum Aufruhr aufgereizt, dem Kaiser die Steuern zu entrichten verboten und sich selbst zum König der Juden aufgeworfen hat. Er soll außerhalb der Mauern der Stadt zwischen zwei Verbrechern, die wegen mehrerer

Mordtaten gleichfalls zum Tode verurteilt sind, an das Kreuz geschlagen und vom Leben zum Tode gebracht werden. Gegeben zu Jerusalem am Vorabende des Passahfestes, im achtzehnten Jahr der Regierung des Kaisers Tiberius.

*(Während Aurelius liest, werden die Kreuze gebracht.)*

PILATUS

*(Bricht den Stab)* So nehmt ihn hin und kreuzigt ihn!

KAIPHAS

Auf, mitten durch Jerusalem gehe unser Zug, dass jeder es sehe!

ARCHELAUS

Wo sind seine Anhänger, um Hosianna zu rufen?

NATHANAEL

Sein Anhang wird sich schnell zerstreuen, dieser Jesus wird bald vergessen sein.

PRIESTER

Fort mit ihm zur Schädelstätte!

EINIGE

Zum Tode mit ihm!

ANDERE

Hinaus nach Golgatha!

EINIGE

Zu Ende ist es mit dem Galiläer.

MEHRERE

Kreuzigt ihn!

EZECHIEL

Nikodemus, so geht es jedem, der sich gegen uns auflehnt.

# Der Kreuzweg – Die Kreuzigung

*PROLOG*

> Das Wort des Richters ist gesprochen.
> Vor das Tor hinaus, zur Schädelstätte
> sehen wir Jesus wanken, niedergedrückt
> von dem Balken des Kreuzes.
>
> So lud auf sich das Opferholz Isaak,
> Abrahams Sohn, trug es willig,
> dem Vater gehorchend, auf Moria hin,
> selbst zum Opfer bestimmt.
>
> Aus freiem Willen trägt auch Jesus -
> strauchelnd, fallend – die Last des Kreuzes,
> das uns zum Bild der Hoffnung wird,
> dass Gottes Macht den Tod besiegt.
>
> Denn wie in der Wüste Rettung brachte
> der Anblick der ehernen Schlange,
> so kommt Trost und Segen und Heil
> uns vom Holz des Kreuzes.

*LEBENDES BILD*
## Isaaks Opferung auf dem Berg Moria

*CHOR*

> *Betet an und saget Dank!*
> *Der den Kelch der Leiden trank,*
> *geht nun in den Kreuzestod*
> *und versöhnt die Welt mit Gott!*

*ERZÄHLUNG*

> *Wie das Opferholz getragen*
> *Isaak selbst auf Moria,*
> *wanket mit dem Kreuz beladen*
> *Jesus hin nach Golgatha.*

*CHOR*

> *Betet an und saget Dank!*
> *Der den Kelch der Leiden trank,*
> *geht nun in den Kreuzestod*
> *und versöhnt die Welt mit Gott!*

# Die Rettung durch den Aufblick zur ehernen Schlange

*ERZÄHLUNG*

> Angenagelt wird erhöhet
> an dem Kreuz der Menschensohn.
> Hier an Mose Schlange sehet
> ihr des Kreuzes Vorbild schon.
> Von den gift'gen Schlangenbissen
> ward durch sie das Volk befreit.
> So wird von dem Kreuze fließen
> auf uns Heil und Seligkeit!

*CHOR*

> Betet an und saget Dank!
> Der den Kelch der Leiden trank,
> geht den Kreuzweg dorngekrönt,
> bis er Gott und Welt versöhnt.

# Kreuzweg – Kreuzigung

*MARIA*

Nun stehe ich in deinen Toren, Jerusalem. Friede sei in deinen Mauern! Um meines Sohnes willen will ich dir Frieden wünschen, um des Tempels des Herrn willen, unseres Gottes, will ich dir Glück erflehen. – Mit jedem Augenblick mehrt sich mein Kummer über das Schicksal meines Sohnes. Wo gehen wir hin, dass ich ihn sehe? Ich muss ihn sehen – aber wo finde ich ihn?

*LAZARUS*

Es ist alles umher wie ausgestorben. Die Straßen sind leer. Das Beste wird sein, wir gehen zu Nikodemus, dort werden wir erfahren, wie es um Jesus steht.

*(Johannes kommt)*

*JOHANNES*

Schreit, ihr Tore! Klagt, ihr Mauern! Verzehr dich in Gram, Israel! Schrei laut zum Herrn, Tochter Zion! Wie einen Bach lass fließen deine Tränen Tag und Nacht! Herr! Sieh doch und schau: Wem hast du solches getan?

*MAGDALENA*

Josef, was ist geschehen?

*MARIA*

Johannes, wie ist es meinem Sohn ergangen?

**JOHANNES**

Maria, die Stunde ist hereingebrochen, die er vorher-
gesagt hat.

**JOHANNES**

Alle, die ihn sehen, verspotten ihn, sperren den Mund auf
und schreien. Er ist kein Mensch mehr. Geschlagen,
gegeißelt, ein Spott der Leute, von den Menschen
verachtet!

**MAGDALENA**

Wie eine Wolke entschwindet meine Hoffnung. Es zer-
fließt die Seele in mir. Ich hoffte auf Gutes, doch Böses
kommt. Ich harrte auf Licht, doch Finsternis kommt.

**JOHANNES**

Maria, verlass diesen Ort - du wirst seinen Anblick nicht
ertragen!

**MARIA**

Dräng mich nicht, ihn zu verlassen und umzukehren!
Wo er hingeht, da will auch ich hingehen.

**SIMON VON BETHANIEN**

Es könnte dir selbst ein Leid widerfahren, wenn sie dich
als seine Mutter erkennen!

**MARIA**

Ich will mit ihm leiden. Ich will seine Schmach mit ihm
teilen.

**JOHANNES**

Wenn nur deine Kräfte nicht erliegen!

**MARIA**

Johannes, Gedanken werden offenbar! Es kommt alles ans
Licht! Oh Simeon, Simeon, nun wird sich erfüllen, was du
mir einst geweissagt hast: Siehe, dieser ist dazu bestimmt,
dass in Israel viele durch ihn zu Fall kommen und viele
aufgerichtet werden, und er wird ein Zeichen sein, dem
widersprochen wird. Du aber wirst um dieses Kind viele
Schmerzen leiden müssen. – Durch meine Seele dringt ein
Schwert. *(Aus der Gasse dringt Lärm)* Welche Todesangst
dringt auf einmal in mein Herz.

**SIMON VON CYRENE**

Kommt, Kinder! Schneller, dass wir in die Stadt kommen!
Der Sabbat bricht bald an. Wir haben wenig Zeit, das
Nötigste einzukaufen, dass wir zu rechter Stunde wieder
heimkommen.

**EINIGE**

Weiter! Weiter mit ihm!

**SOHN DES SIMON**

Ich höre Lärm.

**AGRIPPA**

Wird dir die Last jetzt schon zu schwer?

*EINIGE*

Kreuzigt ihn!

*SOHN DES SIMON*

Vater, ein Geschrei!

*LONGINUS*

Lasst ihn nicht ruhen! Fort! Treibt ihn mit Schlägen!

*EINIGE*

Er sterbe!

*SOHN DES SIMON*

Was ereignet sich in der Stadt?

*SIMON VON CYRENE.*

Es scheint, dass jemand nach Golgatha zur Hinrichtung geführt wird. Da können wir nicht hinein.

*KATILINA*

Dein Wanken nützt dir nichts. Du musst doch auf Golgatha hinaus.

*JOSEPH VON ARIMATHÄA*

Das Gewühl drängt durch dieses Tor heraus. Kommt! Fort von hier!

*NERO*

Am Kreuz kannst du dich ausruhen.

*LONGINUS*

Treibt ihn mit Gewalt, dass wir nach Golgatha kommen!

*FAUSTUS*

Haltet ein! Er bricht zusammen.

*MARIA*

Er ist es. Es ist mein Sohn. Mein Jesus ist es. Ach, so sehe ich dich, zum Tode geführt, einem Verbrecher gleich zwischen Verbrechern. Herr, warum hast du dich in Wolken gehüllt? Kein Gebet kann sie durchstoßen.!
Zu Unrat und Auswurf hast du ihn gemacht inmitten der Völker. Tränenströme vergießt mein Auge über den Schmerz meines Sohnes. Tränen, ergießt euch und ruht nicht! Hört nicht auf, bis der Herr vom Himmel her sieht und schaut! Verschließ nicht dein Ohr vor meinem Seufzen, meinem Schreien!

*SIMON VON BETHANIEN*

Maria, was auch geschieht, es ist Gottes Fügung.

*JOHANNES*

Ihr denkt, er sei von Gott geschlagen, von ihm getroffen und gebeugt. Doch er wurde geschlagen wegen unserer Verbrechen, wegen unserer Sünden zermalmt. Wir haben uns alle verirrt wie Schafe, jeder geht für sich seinen Weg. Doch der Herr lädt auf ihn die Schuld von uns allen. Er wird misshandelt und niedergedrückt, aber er tut seinen Mund nicht auf. Wie ein Lamm, das man zum Schlachten führt, so tut er seinen Mund nicht auf.

NERO

Rühr dich, fauler Judenkönig!

SILVUS

Er bleibt uns auf der Strecke.

LONGINUS

Hier, stärke dich! - Willst du nicht trinken? Dann treibt ihn an!

SILVUS

Steh auf!

AGRIPPA

Wer so daliegt, der steht nicht wieder auf.

FAUSTUS

Nimm deine Kräfte zusammen!

*(Reißt ihn hoch. Jesus fällt)*

VERONIKA

Was tut ihr mit ihm?

SILVUS

Er ist zu sehr geschwächt.

SEPHORA

Welch unsinniges Geschrei!

LONGINUS

Es muss jemand helfen! *(Zeigt auf Simon)* Komm her! Du hast breite Schultern, die etwas tragen können!

SIMON VON CYRENE

Ich? Nein, ich muss –

NERO

Ja, du musst -

SIMON VON CYRENE

Lasst mich!

FAUSTUS

Weigere dich nicht! Oder mein Arm lässt's dich fühlen.

LONGINUS

Schlagt drein, wenn er nicht will!

SIMON VON CYRENE

Ich bin unschuldig. Ich habe nichts verbrochen.

LONGINUS

Schweig!

SIMON VON CYRENE

Nur nicht so mit Gewalt!

CATILINA

Deine Schultern her!

CATILINA

Sieh, Judenkönig, sogar das Kreuz wird dir abgenommen!

VERONIKA

Herr, wie ist dein Gesicht von Blut und Schweiß bedeckt!

*(Trocknet ihm das Gesicht)*

REBEKKA

Rabbi, so wird dir gelohnt?

JESUS

Töchter Jerusalems, weint nicht über mich, weint über euch und über eure Kinder!

REBEKKA

Wie wird es uns und unsern Kindern ergehen?

JESUS

Es wird eine Zeit kommen, in der man sagen wird: Glücklich die Unfruchtbaren und die Leiber, die nicht geboren, und die Brüste, die nicht gesäugt haben. Dann werden sie den Bergen zurufen: Fallt über uns! und den Hügeln: Bedeckt uns! Denn wenn das am grünen Holz geschieht, was wird am dürren geschehen?

ARCHELAUS

Geht es endlich einmal vorwärts!?

NATHANAEL

Der Hauptmann ist allzu mild.

LONGINUS

Entfernt das Weibervolk! Es ist Zeit, dass wir vorwärts kommen.

CATILINA

Was nützen eure Weibertränen? Zurück!

FAUSTUS

Also fort mit dir, auf den Todeshügel!

NATHANAEL

Schont ihn nicht!

EINIGE

Fort! Fort nach Golgatha! –

ANDERE

Ans Kreuz mit ihm! Ans Kreuz!


PROLOG

Auf, fromme Seelen! Auf! Und gehet –
von Reue, Schmerz und Dank durchglüht –
mit mir zum Golgatha und sehet,
was hier zu eurem Heil geschieht!
Dort stirbt der Mittler zwischen Gott
und Sündern den Versöhnungstod!

Nackt, von Wunden nur bekleidet,
hängt er hier bald am Kreuz für dich.
Die Unbarmherzigen weiden
an seiner Marter frevelnd sich –
und er, der dich, o Sünder, liebt,
schweigt, leidet, duldet und vergibt!

Auf, fromme Seelen! Naht dem Lamme,
das sich für euch freiwillig schenkt!
Betrachtet es am Kreuzesstamme!
Seht, zwischen Räubern aufgehängt,
gibt Gottes Sohn sein Blut!
Seht, was seine Liebe für euch tut!

Selbst seinen Feinden zu vergeben,
hört man ihn laut zum Vater fleh'n,
und bald schon gibt er hin sein Leben,
damit wir ew'gem Tod entgeh'n!
Durch seine Seite dringt ein Speer
und öffnet uns sein Herz noch mehr!

SOLIST

*Wer kann die hohe Liebe fassen,*
*die bis zum Tode liebt*
*und, statt der Frevler Schar zu hassen,*
*noch segnend ihr vergibt?*

CHOR

*In seine Lieb euch senket / und euer Herz ihm schenket*
*dem Gotteslamm / am Kreuzestamm*

LONGINUS

Greift zu und erhebt das Kreuz! Nur nicht nachgelassen!

CATILINA

Auf! Verdoppelt eure Kräfte!

LONGINUS

Das Kreuz steht fest.

CATILINA

So laßt uns unsere Erbschaft teilen.

KAIPHAS

Dank und Beifall von uns allen!

ANNAS

Nun will ich gerne zu den Vätern hingehen, weil ich noch
die Freude erlebt habe, diesen Volksverführer am Kreuz
zu sehen. – Was soll die Aufschrift „Jesus der Nazarener,
König der Juden"?

ARCHELAUS

Das ist Spott, Beleidigung für Rat und Volk!

AMAN

Bei dieser Aufschrift können wir es nicht bewenden
lassen.

NATHANAEL

Dieser Titel muss weg! Man reiße ihn herunter!

PRIESTER

Man reiße ihn herunter!

KAIPHAS

Selbst dürfen wir nicht Hand anlegen. *(Zu Longinus)*
Ich fordere die Abänderung dieser Aufschrift. Er ist nicht

unser König! Schreibt, dass er behauptet hat: „Ich bin der
König der Juden."!

LONGINUS

Diese Aufschrift wurde auf Befehl des Statthalters am
Kreuz befestigt – was er geschrieben hat, bleibt
geschrieben!

ANNAS

Unerträglich!

NATHANAEL

So bleibt es also geschrieben: „König der Juden"? – Wenn
du der Messias bist, so steig herab vom Kreuz, dass wir es
sehen und glauben!

EZECHIEL

Du, der du den Tempel Gottes niederreißen und in drei
Tagen wieder aufbauen wolltest, hilf dir nun selbst!

KAIPHAS

Andern hat er geholfen, sich selbst kann er nicht helfen.

ANNAS

Du hast auf Gott vertraut. Der rette dich jetzt, wenn er
Wohlgefallen an dir hat!

AGRIPPA

Komm herab und zeig deine Macht, erhabener
Judenkönig!

NERO

Hörst du nicht?

CATALINA

Fort ist all seine Kraft. Bald werden ihn die Geier fressen.

JESUS

Vater, verzeihe ihnen, denn sie wissen nicht, was sie tun!

GESMAS

Hörst du? Bist du der Gesalbte, so rette dich jetzt – und
uns mit dir!

DISMAS

Auch du fürchtest Gott nicht, da du doch zu derselben
Strafe verurteilt bist? Uns geschieht recht: Wir empfangen
den Lohn, den wir durch unsere Verbrechen verdient
haben. Er aber hat nichts Unrechtes getan.
*(Zu Jesus)* Herr, gedenke meiner, wenn du in dein Reich
kommst!

JESUS

Ich sage dir: Heute noch wirst du mit mir im Paradies
sein.

KAIPHAS

Hört! Er tut noch immer, als ob er über die Pforten des
Paradieses zu gebieten hätte!

ARCHELAUS

Ist ihm sein Hochmut noch nicht vergangen, da er hilflos
am Kreuz hängt?

FAUSTUS

Was will das Weib?

JOHANNES

Lasst sie – es ist seine Mutter!

MARIA

Meine Augen sehen verlangend zu dir! Was soll ich
reden? Und was dir sagen, da du es selbst getan hast? –
Herr, mein Gott! Ich leide Not! Steh mir bei!

JESUS

Mutter, sieh deinen Sohn! – Sohn, sieh deine Mutter!

JOHANNES

Ich will sie ehren als meine Mutter. Du – meine Mutter!
Und ich – dein Sohn!

JESUS

Mich dürstet.

LONGINUS

Er leidet Durst und ruft um einen Trunk.

CATILINA

Den soll er haben.

FAUSTUS

Hier! Trink!

JESUS

Eloi! Eloi! Lama Sabachtani!

ELIEZER

Hört, er ruft Elias!

NUN

Wir wollen sehen, ob Elias kommt, ihn herab zu nehmen
vom Holz der Schande.

KAIPHAS

Er ruft nicht den Elias. Er schreit nach Gott, der ihn verlassen hat.

JESUS

Es ist vollbracht. – Vater, in deine Hände empfehle ich
meinen Geist. *(Stirbt)*

MAGDALENA

Rabbuni! Getötet ist worden, was mich hielt, meine Seele,
sie lebt für dich.

LONGINUS

Diese Geduld in den heftigsten Leiden! Diese Ruhe! Dieser
Schrei zum Himmel in seinem Todeskampf! Dieser Mann
war ein Gerechter! *(Es beginnt zu donnern)*

SIMON VON CYRENE

Was ist das? Die Erde bebt – die Sonne verfinstert sich!

VOLK

Weh uns!

LONGINUS

Die Gottheit spricht durch diese Schrecken der Natur –
wahrhaft, dieser Mensch war Gottes Sohn!

**RABINTH**

Kommt – ich bleibe nicht mehr an diesem Ort des Schreckens!

**SADOK**

Gott sei uns gnädig!

**RABINTH**

Herr, Allmächtiger, wir haben gesündigt! Schone uns!

**ZOROBABEL**

*(Eilt heran)* Hoher Priester! Im Heiligtum hat sich Schreckliches ereignet!

**KAIPHAS**

Doch nicht der Tempel!

**ZOROBABEL**

Der Vorhang des Heiligtums ist mitten entzwei gerissen!

**KAIPHAS**

Geht hin und sehet, was sich ereignet hat! Ich aber werde diesen Ort nicht verlassen, bis ich gesehen habe, dass der Leichnam dieses Menschen in die Grube der Verbrecher hinab geworfen ist.

**NIKODEMUS**

Kaiphas, er ist tot! Wirst du niemals aufhören, ihn zu verfolgen?

**QUINTUS**

*(kommt mit Joseph von Arimathäa)* Der Statthalter hat mich gesandt, dich zu fragen, ob Jesus von Nazareth wirklich schon verschieden ist, wie ihm dieser Mann hier berichtet hat.

**LONGINUS**

Es ist so. Sieh selbst –

**QUINTUS**

Auf Befehl des Prokurators sollen den Gekreuzigten die Beine gebrochen, dann ihre Leichen abgenommen werden! Vor Anbruch des Sabbats soll alles vorüber sein.

**LONGINUS**

Sogleich wird es geschehen! Leute! Brecht ihnen die Beine!

**FAUSTUS**

Schlag zu, dass er stirbt!

**CATILINA**

Der erwacht nicht mehr!

**NERO**

Den andern will ich aus der Welt hinausbefördern. – Er hat seinen Lohn!

**MARIA**

Ach! Jesus! *(Zu den Henkern)* Ihr werdet doch mit seinem Leib nicht so grausam verfahren?

**MAGDALENA**

Schonet doch! Schonet doch!

**LONGINUS**

Weg! – *(Longinus stößt ihm die Lanze in die Seite.)*

**MARIA**

*(schreit)* Haltet ein!

**MAGDALENA**

Maria!

**LONGINUS**

Nun nehmt die Leichen vom Kreuz!

**NERO**

Leitern her!

**QUINTUS**

Der Leichnam des Galiläers wurde diesem Mann, Joseph von Arimathäa, vom Statthalter als Geschenk überlassen.

**FRAUEN**

Tröstliche Nachricht!

**KAIPHAS**

*(Zu Longinus)* Jedoch gestatte ich nicht, dass er anderswo als bei den Verbrechern begraben wird.

**LONGINUS**

Da der Leichnam diesem Mann geschenkt ist, versteht es sich von selbst, dass er ihn begraben kann, wie und wo er will.

**ANNAS**

Du verharrst also noch in deinem Starrsinn, Joseph? Du schämst dich nicht, einen hingerichteten Verbrecher noch in seinem Leichnam zu ehren?

**JOSEPH VON ARIMATHÄA**

Er hat kein Unrecht getan! Und kein trügerisches Wort war in seinem Mund! Den Menschen, den gottgesandten Lehrer, den unschuldig Gemordeten ehre ich.

**ARCHELAUS:**

Du bist mit Blindheit geschlagen.

**KAIPHAS**

Da der Leichnam in den Händen seiner Freunde ist, müssen wir auf der Hut sein. Dieser Verführer hat zu seinen Lebzeiten gesagt: „Ich werde nach drei Tagen wieder erstehen." Wie leicht könnte hier das Volk getäuscht werden!?

**NATHANAEL**

Sie könnten ihn heimlich entwenden und dann die Sage verbreiten, er sei erstanden.

**KAIPHAS**

Dann würde alles von neuem beginnen! Lasst uns zu Pilatus hingehen und bei ihm um Soldaten nachsuchen, damit das Grab bis zum dritten Tag bewacht wird!

**LONGINUS**

Leute, unser Geschäft ist beendet – wir kehren zurück!

**JOHANNES**

Sind sie endlich fort?

**MAGDALENA**

Tröste dich, Maria! Sieh – nun sind wir allein mit unsern Freunden. Das Gespött und die Lästerungen sind verstummt. Stille umfängt uns.

**MARIA**

Seht ihn an! Seht ihn an! Klagt! Klagt! Schreit um mein Kind!

**MAGDALENA**

Maria! Gedenke der Worte, die er sprach, als er von Bethanien wegging: „Ihr werdet weinen und wehklagen. Die Welt aber wird sich freuen. Ihr werdet traurig sein, doch eure Traurigkeit wird in Freude verwandelt werden, und eure Freude soll niemand von euch nehmen!"
Nun hat er seinen Weg vollendet – seine Schmerzen und Leiden haben ein Ende gefunden. Er ist zu seinem Vater gegangen.

**MARIA**

Bringt mir meinen Sohn!

**NIKODEMUS**

O dieser Mann voll Geist und Wahrheit! Wie hat er solch ein Schicksal verdient?

**MARIA**

Einst zu Bethlehem – jetzt auf Golgatha! Mein Sohn, wie ist dein Leib mit Blut und Wunden bedeckt! Wie hat dich die Wut deiner Feinde zerfleischt! Herr, mein Gott! Du hast seine Feinde über ihn siegen lassen und die Macht seiner Widersacher erhöht. Durch Hände und Füße haben sie ihm Nägel getrieben! Das Herz mit einem Speer durchbohrt! Herr! Schau! Sieh doch, wen du so verderbt hast! - Ich schreie, aber meine Hilfe ist ferne. Mein Gott, ich rufe zu dir, doch du antwortest nicht. Unsere Väter hofften auf dich. Sie schrien zu dir und wurden errettet, sie hofften auf dich und wurden nicht zuschanden.
Sei nicht ferne von mir! Meine Stärke, eile, mir zu helfen! Errette meine Seele!

**JOHANNES**

Sieh, Mutter – Friede ruht auf seinem Angesicht!

**MARIA**

Friede kehrt auch in mein Herz ein. Sieh, Mensch! Das Licht kam in die Welt. Aber du liebtest die Dunkelheit mehr als das Licht. Gott sandte ihn, um durch ihn die Welt zu befreien. So sehr liebt Gott die Welt, dass er ihn hingab, seinen Sohn! Damit jeder, der an ihn glaubt, niemals zugrunde geht!

CHOR

*Ihr alle, die ihr hier vorübergehet,*
*stehet stille, habet acht und sehet!*
*Wo trifft man eine Liebe an,*
*die dieser Liebe gleichen kann?*

# Die Begegnung mit dem Auferstandenen

MAGDALENA

Wie freue ich mich, dem geliebten Rabbi die letzte Ehre
zu erweisen!

SALOME

Maria! Wer wird uns den Stein wegwälzen, mit dem sie
das Grab verschlossen haben?

ENGEL

Was wollt ihr hier so früh am Tag?

MAGDALENA

Wir suchen den, der gekreuzigt worden ist, ihn zu salben.

ENGEL

Was sucht ihr den Lebenden bei den Toten? Er ist nicht
hier, er ist von den Toten auferstanden. Er geht euch vor-
aus. Ihr werdet ihn sehen, wie er euch gesagt hat.

KLEOPHA

Das Grab ist leer!

SALOME

Hier liegen noch die Tücher, in welche der Leib gehüllt
war – er ist nicht mehr im Grab!

KLEOPHA

Kommt, fort von hier!

SALOME

Lasst uns in die Stadt eilen und berichten, was geschehen
ist!

KLEOPHA

Maria, komm mit uns!

MAGDALENA

Lasst mich! *(Salome und Kleopha gehen ab)*

MAGDALENA

Jetzt ist mir der letzte Trost genommen. –
Rabbuni!

ENGEL

Frau, was weinst du?

MAGDALENA

Sie haben meinen Herrn hinweg genommen und ich weiß
nicht, wo sie ihn hingelegt haben.

ENGEL

Frau, warum weinst du? Wen suchst du?

MAGDALENA

Wenn du ihn weggebracht hast, so sag mir, wohin du ihn
gelegt hast!

ENGEL

Maria! Gehe hin zu deinen Brüdern und sage ihnen:
Noch ist er nicht aufgefahren zu seinem Vater. Aber er
geht hinauf zu seinem Vater und zu eurem Vater!
Zu seinem Gott und zu eurem Gott! Glaubt an das Licht,
damit ihr Kinder des Lichtes werdet!

MAGDALENA

Ich weiß, dass mein Erlöser lebt! Ich will deine
Auferstehung meinen Brüdern verkünden, inmitten deiner
Gemeinde dich preisen! Wach auf, Zion! Zieh deine
Prunkkleider an, Jerusalem, du heilige Stadt! Ja, du Volk
auf dem Berg Zion, ihr, die ihr in Jerusalem wohnt, wacht
auf! Eure Augen werden den König in seiner Schönheit
erblicken! Eure Ohren werden ihn hören!

Er war verachtet, von den Menschen gemieden, ein Mann
voller Schmerzen. Gott aber hat ihn von den Wehen des
Todes befreit und ihn auferweckt. Ich weiß, dass mein
Erlöser lebt!

Er ist bei uns alle Tage bis an der Welt Ende! Darum freut
sich mein Herz, und meine Zunge frohlockt! O könnte ich
es ausrufen durch alle Welten hin, dass Berge und Felsen
und Himmel und Erde davon widerhallen:

Halleluja! Er ist erstanden!

CHOR

*Halleluja! Überwunden, überwunden*
*hat der Herr der Hölle Macht!*
*Ihn hat nicht der Tod gebunden*
*in der düstern Grabesnacht!*
*Singet ihm in heil'gen Psalmen!*
*Streuet ihm die Siegespalmen!*
*Auferstanden ist der Herr!*
*Jauchzet ihm, ihr Himmel, zu!*
*Sing' dem Sieger, Erde, du!*
*Halleluja, dir, Erstand'ner!*

*Preis dir, du Todesüberwinder,*
*der du starbst auf Golgatha!*
*Preis dir, du Retter aller Sünder,*
*der gesiegt auf Golgatha!*
*Preis, der du am Kreuzaltar*
*für uns gabst dein Leben dar!*
*Du hast uns erkaufet dir,*
*dir nur leben, sterben wir!*

*Halleluja!*
*Preis, Ruhm, Anbetung, Macht und Herrlichkeit*
*sei dir von Ewigkeit zu Ewigkeit!*

| | |
|---|---|
| *Inszenierung und Spielleitung* | Christian Stückl |
| *Bühnenbild und Kostüme* | Stefan Hageneier |
| *Dramaturgie, 2. Spielleiter* | Otto Huber |
| *Komposition, Dirigent* | Markus Zwink |
| *Dirigent* | Michael Bocklet |
| *Licht und Technische Leitung* | Martin Feichtner |

# Die Darsteller

| | |
|---|---|
| *Prolog* | Otto Huber |
| | Dominikus Zwink |

## Jesus, die Apostel und seine Familie

| | |
|---|---|
| *Jesus* | Frederik Mayet |
| | Andreas Richter |
| *Judas* | Carsten Lück |
| | Martin Norz |
| *Petrus* | Jonas Konsek |
| | Maximilian Stöger |
| *Johannes* | Benedikt Geisenhof |
| | Martin Schuster |
| *Thomas* | Georg Fellner |
| *Andreas* | Simon Bartl |
| *Jakobus* | Christian Mayr |
| *Simon* | Thomas Neu |
| *Phillipus* | Korbinian Freier |
| *Thaddäus* | Ferdinand Schuster |
| *Matthäus* | Axel Schilcher |
| *Jakobus Alphäus* | Pirmin Fischer |
| *Bartholomäus* | Michael von Mücke |
| | |
| *Maria* | Ursula Burkhart |
| | Andrea Hecht |
| *Magdalena* | Barbara Dobner |
| | Eva Reiser |
| | |
| *Simon von Bethanien* | Karl Führler |
| | Anton Zwink |
| *Maria Kleopha* | Ursula Huber |
| *Maria Salome* | Kathrin Mangold |
| *Martha* | Helga Stuckenberger |

| *Lazarus* | Fabian Kernstein |
| *Simon, Bruder Jesu* | Anton Hörbiger |
| *Joses, Bruder Jesu* | Leonhard Huber |
| *Jakob, Bruder Jesu* | Maximilian Pongratz |
| | |
| *Engel* | Sebastian Dörfler |
| | Maximilian Laubert |

## Hoher Rat

| *Kaiphas* | Anton Burkhart |
| | Anton Preisinger |
| *Annas* | Raimund Bierling |
| | Peter Stückl |
| *Nathanael* | Michael Adam |
| | Simon Fischer |
| *Archelaus* | Tobias Eich |
| | Matthias Müller |
| *Josef von Arimathäa* | Walter Fischer |
| | Walter Rutz |
| *Nikodemus* | Christoph Maier |
| | Hubert Schmid |
| *Gamaliel* | Johannes Müller |
| | Stephan Reindl |
| *Ezechiel* | Martin Güntner |
| | Tobias Jablonka |
| *Josaphat* | Benedikt Fischer |
| *Amiel* | Zeno Bierling |
| *Ptolomäus* | Karl Daisenberger |
| *Sadok* | Gregor Drohmnann |
| *Rabinth* | Karl Eitzenberger |
| *Dariabas* | Helmut Fischer |
| *Josue* | Hans Führler |
| *Saras* | Karl Härtle |
| *Nathan* | Eugen Huber |
| *Erez* | Robert Lang |
| *Aman* | Gottfried Maderspacher |
| *Gerson* | Johann Mayr |
| *Ephraim* | Rudolf Neu |
| *Ismael* | Korbinian Reiser |
| *Kemuel* | Erich Schmid |
| *Mererie* | Arnulf Schuster |
| *Aser* | Rolf Zigon |

*Weitere Hohe Räte*

Ernst Bierling, Dieter Dashuber, Johann Feldmeier,
Ludwig Greinwald, Max Hässler, Wilhelm Hässler, Paul
Köpf, Walter Lang, Johann Lehneis, Siegfried Lehneis,

Hans Schmid, Reinhart Schorn, Erich Wiezorreck, Johann Wolf, Rudi Wolf, Theodor Zunterer, Konrad Mangold, Otto Mangold, Walter Müller, Peter Pongratz, Sebastian Pongratz

| | |
|---|---|
| *Dathan, Hofherr bei Kaiphas* | Alexander Raggl |
| *Esdras, Annasdiener* | Adrian Bierling |
| *Sidrach, Annasdiener* | Ernst Bierling |
| *Zorobabel, Tempeldiener* | Simon Marschalek |

## Pilatus, seine Frau und seine Diener und Soldaten

| | |
|---|---|
| *Pilatus* | Christian Bierling |
| | Stefan Burkhart |
| *Claudia, Frau des Pilatus* | Sara Jablonka |
| *Longinus, Hauptmann* | Johann Feldmeier |
| | Ferdinand Meiler |
| *Quintus* | Sebastian Gerum |
| *Aurelius* | Thomas Müller |
| *Arelius* | Karl-Heinz Götz |
| *Pomponius* | Stefan Nutzinger |
| *Silvus* | Wolfgang Proksch |
| *Flavius* | Georg Schauer |
| *Claudius* | Theodor Schneller |
| *Mela* | Nicolai Steidle |
| *Caspius* | Florian Bartl |
| *Brutus* | Anton Schuster |
| *Sabinus* | Thomas Huppmann |
| *Pedius* | Stefan Pongratz |
| *Milo* | Korbinian Stückl |
| *Domitius* | Michael Güntner |
| *Gajus* | Markus Rollnik |
| *Titus* | Stefan Königsberger |
| *Nero, Henker* | Thomas Feldmann |
| *Catilina, Henker* | Joachim Lederer |
| *Faustus, Henker* | Alfred Richter |
| *Agrippa, Henker* | Michael Voß |

## Händler und Tempelwache

| | |
|---|---|
| *Albion* | Josef Feichtner |
| *Booz* | Johannes Flemisch |
| *Kosam* | Thomas Margraf |
| *Efod* | Thomas Steidle |
| *Esron* | Gerulf Waldhauser |
| *Gesmas* | Raimund Hörbiger |
| *Selpha, Hauptmann* | Konrad Gerold |
| *Ram* | Karl Braun |

| | |
|---|---|
| *Panther* | Julius Flemisch |
| *Arphaxad* | Ludwig Huber |
| *Obed* | Anton Lel |
| *Balbus* | Stefan Müller |
| *Malchus* | Simon Proksch |
| *Melchi* | Thomas Schneller |
| *Levi* | Christian Stoiber |
| | |
| *Agar* | Monika Lück |
| *Sara* | Verena Schwarz |
| *Judith* | Marina Kirchmayr |

## König Herodes und seine Diener

| | |
|---|---|
| *Herodes* | Raimund Fussy |
| | Markus Köpf |
| *Zabulon, Herodesdiener* | Siegfried Biermeier |
| *Manasses, Herodesdiener* | Kurt Gallist |
| *Naasson, Herodesdiener* | Nikolaus Krach |
| *Delaja, Herodesdiener* | Michael Schmid |
| *Ehud, Herodesdiener* | Kasim Yilginc |

## Männer und Frauen aus dem Volk

| | |
|---|---|
| *Veronika* | Elisabeth Aurhammer |
| | Dominika Killer |

*Weinende Frauen*
Barbara Bierling, Christine Gerum, Veronika Köpf,
Barbara Plehn, Barbara Pongratz, Christine Renner,
Christina Rupprecht

| | |
|---|---|
| *Simon von Cyrene* | Klement Fend |
| *Kind des Simon von Cyrene* | Lukas Hecht |
| *Kind des Simon von Cyrene* | Maximilian Kasseckert |
| *Kind des Simon von Cyrene* | Andreas Sporer |
| *Gad, Zeuge vor dem Rat* | Christian Gallist |
| *Eliezer, Zeuge vor dem Rat* | Peter Held |
| *Eliab, Zeuge vor dem Rat* | Lothar Reiser |
| *Nun, Zeuge vor dem Rat* | Johann Stückl |
| *Ehebrecherin* | Monika Hörbiger |
| *Barabbas* | Josef Feichtner |
| *Rechter Schächer* | Johannes Flemisch |
| *Linker Schächer* | Raimund Hörbiger |
| *Abendmahlsdiener* | Vitus Norz |
| | Christoph Stöger |

## Diener, Soldaten, Volk und Kinder von Jerusalem

# Chor und Orchester der Passionsspiele 2010

| | |
|---|---|
| *Sopran-Solistin* | Maria Buchwieser |
| | Katharina Osterhammer |
| | Gabriele Weinfurter |
| *Alt-Solistin* | Caroline Fischer-Zwink |
| | Claudia Köpf |
| | Antonie Schauer |
| *Tenor-Solist* | Korbinian Heinzeller |
| | Paul Fellner |
| | Michael Pfaffenzeller |
| *Bass-Solist* | Heino Buchwieser |
| | Bernhard Spingler |
| | Josef Zwink |
| | |
| *Konzertmeisterin* | Barbara Schenk |

## Mitarbeiter

| | |
|---|---|
| *Regieassisstent* | Martin Schuster |
| *Bühnenbildassistentin* | Yvonne Kalles |
| *Kostümassistentin/Produktionsleitung* | Nana Kolbinger |
| *Musikassistent* | Thomas Floßmann |
| *Inspizienz* | Gertraud Baab |
| | Blanda Härtle |
| *Soffleur* | Erich Baab |
| *Leitung Schneiderei* | Ingrid Jäger |
| *Leitung Bühnenbau* | Carsten Lück |
| *Leitung Malsaal* | Karl Witti |
| *Hutmacherin* | Heike Thamm |
| *Waffenschmied* | Martin Breidenbach |
| *Färberei* | Carola von Klier, |
| | Marika Danc Roth |
| *Metallbau* | Peter Glass |

*Bildhauer*
Wolfgang van Elst, Armin Hecht, Christian Bierling, Nadja Schotthöfer, Ludwig Huber, Tonette Eberspacher

*Bühnenbau*
Simon Bartl, Florian Bartl, Tobias Eich, Johannes Müller, Michael Adam, Andreas Held, Paul Fellner, Sarah Dreizehnter, Robert Fromm, Florian Pawlak, Vincent Baab, Dominikus Zwink

*Schneiderei / Färberei*
Christiane Gassler (Schneidermeisterin), Sabine Fabisch, Edeltraud Porkert, Rosemarie Pongratz, Elena Hoeck, Silvia Heinzeller, Angelika Deschler, Sabine Marzell, Maria Besenbacher, Angela Ruepp, Jutta Vogel, Maria Zwink, Patricia Schöndorf, Ines Kern,

Annelies Buchwieser, Heidi Reindl, Cäcilia Schwander, Birgit Wagner, Anneliese A. - Schedler, Gabi Lindlbauer, Elfriede Müller, Klara Pfeiffer, Annika Jakobi, Anna Marzell, Katharine Brötzner, Anne Schmidt

*Malsaal*

Annette Standl, Christian Huber, Alexander Rykov, Wolfgang Dallmann, Maximilian Schmidbauer, Werner Schmidbauer

*Requisite*

Yvonne Kalles, Sarah Jablonka, Andrea Hecht, Michaela Gräper, Monika Maier

| | |
|---|---|
| *Dekorationsmeister* | Peter Maderspacher |
| *Beleuchtung* | Matthias Feldmeier, Andreas Rutz, Benjamin Mayr |
| *Seitenmeister Dekoration* | Anton Hochenleitner, Christoph Zwink |
| *Kostümhospitanz* | Veronika Hecht |
| *Stimmbildung der Darsteller* | Andreas Sippel |
| *Stimmbildung der Gesangssolisten* | Thomas Dobmeier, Gabriele Weinfurter |
| *Ton* | Fa. Neumann & Müller Michale Kennedy, Ecki Nordenskjöld, Peter Riegel, Marc Schauberger |
| *Notengrafik* | Rudi Wadlinger |
| *Presse- und Öffentlichkeitsarbeit* | Frederik Mayet (Ltg.), Weronika Demuschewski |
| *Grafik* | Otto Dzemla |
| *Besucherbetreuung/Einlassdienst* | Birgit Reiser, Carla Speer |
| *Geschäftsleitung der Passionsspiele* | Ignaz Schön |
| *Werkleitung* | Alfons Gerl |
| *Personalabteilung* | Hans Gerum, Christian Ostler |
| *Controlling* | Robert Rieger |

# Spielplan

Premiere Samstag 15. Mai 2010

| MAI | JUNI | JULI | AUG | SEPT | OKT |
|---|---|---|---|---|---|
| | | | So 01. | | |
| | Di 01. | | Di 03. | | |
| | Do 03. | Do 01. | Do 05. | Do 02. | |
| | Fr 04. | Fr 02. | Fr 06. | Fr 03. | Fr 01. |
| | Sa 05. | Sa 03. | Sa 07. | Sa 04. | Sa 02. |
| | So 06. | So 04. | So 08. | So 05. | So 03. |
| | Di 08. | Di 06. | Di 10. | Di 07. | |
| | Do 10. | Do 08. | Do 12. | Do 09. | |
| | Fr 11. | Fr 09. | Fr 13. | Fr 10. | |
| Sa 15. | Sa 12. | Sa 10. | Sa 14. | Sa 11. | |
| So 16. | So 13. | So 11. | So 15. | So 12. | |
| Di 18. | Di 15. | Di 13. | Di 17. | Di 14. | |
| Do 20. | Do 17. | Do 15. | Do 19. | Do 16. | |
| Fr 21. | Fr 18. | Fr 16. | Fr 20. | Fr 17. | |
| Sa 22. | Sa 19. | Sa 17. | Sa 21. | Sa 18. | |
| So 23. | So 20. | So 18. | So 22. | So 19. | |
| Di 25. | Di 22. | Di 20. | Di 24. | Di 21. | |
| Do 27. | Do 24. | Do 22. | Do 26. | Do 23. | |
| Fr 28. | Fr 25. | Fr 23. | Fr 27. | Fr 24. | |
| Sa 29. | Sa 26. | Sa 24. | Sa 28. | Sa 25. | |
| So 30. | So 27. | So 25. | So 29. | So 26. | |
| | Di 29. | Di 27. | Di 31. | Di 28. | |
| | | Do 29. | | Do 30. | |
| | | Fr 30. | | | |
| | | Sa 31. | | | |

Vorstellungsbeginn    14.30 Uhr (1.Teil)
                            20.00 Uhr (2.Teil)
Zwischen ca. 17.15 und 20.00 Uhr findet eine
Pause statt. Vorstellungsende ca. 22.30 Uhr

# Kartenkategorien

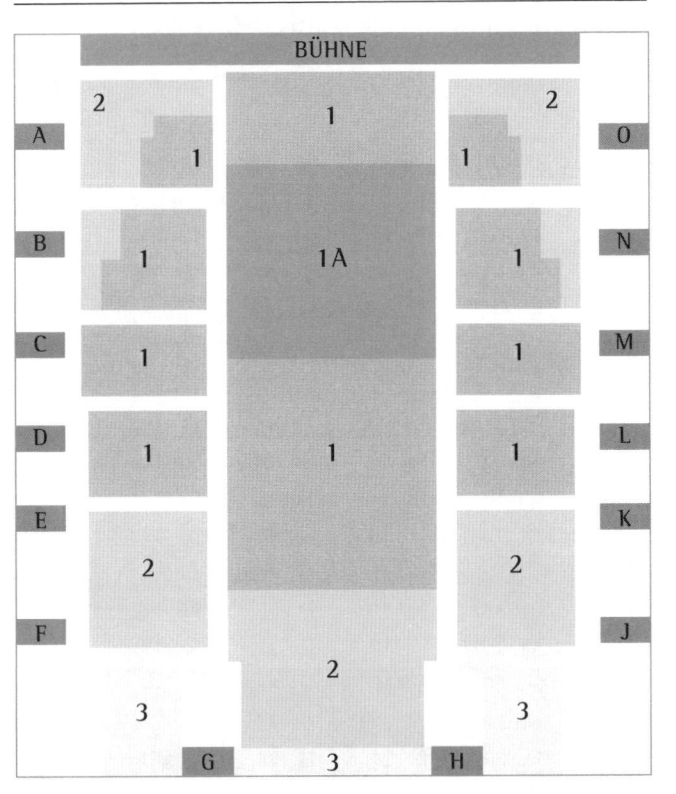

WEITERE INFORMATIONEN ERHALTEN SIE ÜBER:
GESCHÄFTSSTELLE DER PASSIONSSPIELE 2010
Oberammergau und DER Reisebüro oHG
Eugen-Papst-Straße 9 a
82487 Oberammergau
info@passionsspiele2010.de · www.passionsspiele2010.de
Telefon 0 88 22 92 31- 0
oder Fax: 0 88 22 92 31- 52

*132*